新时期中国典型产业对外转移研究

郭 巍 著

中国发展出版社
CHINA DEVELOPMENT PRESS

图书在版编目（CIP）数据

新时期中国典型产业对外转移研究/郭巍著．—北京：
中国发展出版社，2016.10

（国务院发展研究中心研究丛书．2016／李伟主编）

ISBN 978 - 7 - 5177 - 0542 - 0

Ⅰ．①新…　Ⅱ．①郭…　Ⅲ．①产业转移—研究—中国
Ⅳ．①F127

中国版本图书馆 CIP 数据核字（2016）第 156442 号

书　　　　名：新时期中国典型产业对外转移研究
著作责任者：郭　巍
出 版 发 行：中国发展出版社
　　　　　　（北京市西城区百万庄大街 16 号 8 层　100037）
标 准 书 号：ISBN 978 - 7 - 5177 - 0542 - 0
经 销 者：各地新华书店
印 刷 者：北京科信印刷有限公司
开　　　　本：710mm×1000mm　1/16
印　　　　张：10.25
字　　　　数：123 千字
版　　　　次：2016 年 10 月第 1 版
印　　　　次：2016 年 10 月第 1 次印刷
定　　　　价：40.00 元

联 系 电 话：(010) 68990625　68990692
购 书 热 线：(010) 68990682　68990686
网 络 订 购：http://zgfzcbs.tmall.com
网 购 电 话：(010) 68990639　88333349
本 社 网 址：http://www.develpress.com.cn
电 子 邮 件：121410231@qq.com

践行五大发展理念　发挥高端智库作用
努力推动中国经济转型升级

2016 年是"十三五"开局之年。"十三五"时期是塑造中国未来的关键五年，到 2020 年能否实现全面建成小康社会的目标，不仅是发展速度快慢的问题，更是决定中国能否抓住转型发展的历史窗口期，跨越"中等收入陷阱"、顺利实现现代化的问题。

2015 年 10 月，党的十八届五中全会通过的《中共中央关于制定国民经济和社会发展第十三个五年规划的建议》确立了"创新、协调、绿色、开放、共享"五大发展理念。2016 年 3 月，十二届全国人大四次会议通过的《国民经济和社会发展第十三个五年规划纲要》明确了新时期发展的总体思路，提出了应对国内外严峻挑战的战略性安排。

毋庸讳言，我国经济社会发展确实面临着一些前所未遇的困难和挑战，诸如：劳动年龄人口绝对量下降，老龄化问题日益显现，传统产业和低附加值生产环节的产能严重过剩，粗放式发展产生的生态环境问题逐渐暴露，以创新为驱动力的新增长动力尚未形成，社会对公平正义的诉求日益增强，等等。但与此同时，也应该客观地看到，我国的发展依然有着巨大的潜力和韧性。城镇化远未完成，欠发达地区与发达地区间存在明显的发展差距。这意味着，在当前和未来相当长的时期内，投资和消费都有很大的增长空间。我国产业体系完备、人力资本丰富、创新能力正在增强，有支撑未来发展的雄厚基础和良好条件。目前经济增长速度呈现的下降态势，只是经济结构转型过程中必然出现的暂时现象，而且这一态势是趋缓的、可控的、可承受的。随着结构调整、经济转型不断取得进展，我国经济将在新的发展平台上实现稳定、持续的中高速增长。

正是基于各种有利因素和不利因素复杂交织、相互影响的大背景，我们认为，中国的现代化已经进入转型发展重要的历史性窗口期，如果不能在窗口期内完成发展的转型，我们就迈不过"中等收入陷阱"这道坎，现代化进程就有可能中断。

中央十分清醒地认识到这一点，并对转型发展进行了周密部署。概言之，未来五年，为了推动经济转型、释放发展潜力，我们将以新的发展理念为统领，依照"十三五"规划描绘的蓝图，通过持续不断地深化改革和扩大开放，建立新的发展方式，形成创新驱动发展、协调平衡发展、人与自然和谐发展、中国经济和世界经济深度融合、全体人民共享发展成果的发展新格局。

推动经济转型升级，形成发展新格局，需要从供给和需求这两侧采取综合措施，在适度扩大总需求的同时，着力加强供给侧结构性改革，转变发展方式，促进经济转型。我国经济发展正处于"三期叠加"的历史性转折阶段，摆在面前的既有周期性、总量性问题，但更突出的是结构性问题。在供给与需求这对主要矛盾体中，当前矛盾的主要方面是在供给侧。比如，在传统的增长动力趋弱的同时，新的增长动力尚难以支撑中高速增长；产业结构资源密集型特征明显，对生态环境不够友好；要素在空间上的流动还不够顺畅，制约了城乡、区域协调发展；对外经济体制不能完全适应国际贸易投资规则变化的新趋势等。因此，去年以来，中央大力推进供给侧结构性改革，重点落实"三去一降一补"五大任务，用改革的办法推进结构调整，提高供给结构对需求结构变化的适应性，努力提升经济发展的质量和效益。"十三五"规划亦把供给侧结构性改革作为重大战略和主线，旨在通过转变政府职能、发展混合所有制经济、增强市场的统一性和开放性、健全经济监管体系等，促进资源得到更合理的配置和更高效的利用，提高生产效率，优化供给结构，为形成发展新格局奠定坚实的物质基础。当然，这里要强调的是，注重供给侧结构性改革，并非不要进行需求管理。我们还将采取完善收入分配格局、健全公共服务体制等措施，推动社会实现公平、正义，并为国内需求的增长提供强力支撑，使需求和供给在更高水平上实现良性互动。

当前，国务院发展研究中心正在按照中央的要求和部署，积极推进国家高端智库建设的试点工作，努力打造世界一流的中国特色新型智库。作为直接为党中央、国务院提供决策咨询服务的高端智库，我们将坚持"唯真求实、守正出新"的价值理念，扎实做好政策研究、政策解读、政策评估、国际交流与合作等四位一体的工作，为促进中国经济转型升级及迈向中高端水平、实现全面建成小康社会的宏伟目标做出应有的贡献。

这套"国务院发展研究中心研究丛书2016"，集中反映了过去一年我们的主要研究成果，包括19种（20册）著作。其中：《新兴大国的竞争力升级战略》（上、下册）和《从"数量追赶"到"质量追赶"》是中心的重大研究课题报告；《新形势下完善宏观调控理论与机制研究》《区域协同发展：机制与政策》等9部著作，是中心各研究部（所）的重点研究课题报告；还有8部著作是中心资深专家学者或青年研究人员的优秀招标研究课题报告。

"国务院发展研究中心研究丛书"自2010年首次面世至今，已是连续第七年出版。七年来，我们获得了广大读者的认可与厚爱，也受到中央和地方各级领导同志的肯定和鼓励。我们对此表示衷心感谢。同时，真诚欢迎各界读者一如既往地关心、支持、帮助我们，对这套丛书以及我们的工作不吝批评指正，使我们在建设国家高端智库、服务中央决策和工作大局、推动经济发展和社会进步的道路上，走得更稳、更快、更好。

国务院发展研究中心主任、研究员　李伟

2016年8月

前言

  产业转移是一种常见的经济现象，它是经济发展到一定阶段，由于要素供给、产品需求条件改变，引发不同区域间比较优势发生差异，进而通过贸易和跨区域直接投资的方式，将部分产业的生产、销售或研发转移到另一个地区，从而导致产业在空间上的迁移。二战结束以来，全球范围先后发生了 4 次大规模的产业转移，包括中国在内的众多发展中国家都曾从中受益。通过承接来自发展水平相对更高的国家和地区的产业转移，可以弥补本国资金的不足，获得更先进的生产技术和管理经验，加速工业化的进程。

  经过改革开放 30 多年的建设，中国已经成为世界第二大经济实体、第一制造业大国和第一贸易大国，对国际经济事务的影响力与日俱增。不过本轮金融危机结束之后，国内加速上升的劳动力成本、日趋严格的环保要求以及持续上涨的人民币汇率都让劳动密集型产业的利润率更加微薄，它们向生产成本更低的东南亚和非洲国家转移成为必然。与此同时，钢铁、水泥和有色金属部分行业出现明显产能过剩，也亟待通过国际产能合作的形式，依托"一带一路"战略"走出去"。此外，为了获取更先进的制造技术和研发资源，中国家电业和汽车零部件业的部分企业还在欧美发达国家组建海外研发中心，顺应全球开放式创新的发展潮流，完成了对技术水平更高的发达国家的逆向转移。

借助本轮产业跨境转移，中国不仅能够更好地完成在全球范围内的资源配置，通过海外投资推动本国产业升级，而且还能实现从产业转移承接者向主导者的角色转变，更深度参与国际投资和贸易规则的制定，增强在国际社会中的话语权。

为深入研究当前中国产业对外转移的规模、方向、经验和教训，本书在认真研究产业跨境转移主要途径（国际贸易、对外直接投资和合约订单）的基础上，全面回顾了中国过去30余年对外直接投资的发展历史。然后从产业转移的动机（市场扩张型、成本节约型、技术跟踪型和产能过剩型等）出发，精心挑选纺织业、制鞋业、家电业、钢铁业、水泥业和汽车零部件业这6大行业进行案例分析。在关注上述行业对外转移进展的同时，着重研究它们存在的共性问题。最后，提出了推动中国产业对外合理、有序转移的6条政策建议。

本书是我主持的青年招标课题的研究成果。感谢国务院发展研究中心办公厅副主任来有为研究员对部分报告的修改，并提出了很多启发性的建议；感谢办公厅科研处处长肖庆文研究员对课题研究和调研活动的大力支持，提供的重要文献拓宽了我的研究视野；感谢知几投资的文武、天风传媒的焦娟、上投摩根的李佳嘉、万杉资本的谷子樵等同志在境外调研过程中提供的分析思路，丰富了我的研究内容。此外，吉林大学经济学院的孙黎老师多次就课题报告的框架、关键概念的界定、发展趋势的判断等与本人进行深入交流，不仅在调研经费上给予了支持，还亲自参与了本书第六章和第八章内容的撰写。最后感谢我的父母、岳父岳母、妻子张颖女士和女儿郭怡然，你们的陪伴是我在研究道路上继续前行的动力。

受研究水平所限，书中缺点和谬误在所难免，恳请读者批评指正。

目 录

第九章
推动中国产业对外合理有序转移的政策建议

第一章

导　论

一、研究背景和意义

（一）研究背景

全球价值链主导了新一轮的国际产业转移，中国成为"世界工厂"的同时，步入国内产业结构调整的关键时期。要素价格的持续上涨、环保标准的日益提高，使得过去具有比较优势的资源和劳动密集型产业的利润逐渐摊薄，在国内的发展空间不断受到挤压。与此同时，中国正在从昔日的资本流入国向资本输出国转变，过去十多年里对外投资的规模迅速扩大，也带动了国内产业的对外转移，加快和完善了在全球产业链上的布局。当前，中国经济已进入新常态，保持稳增长、促改革、调结构的综合平衡是中央政府重要的执政目标。因此，利用对外转移促进国内制造产业的转型升级，避免产业空心化，同时提高资源利用效率，可以成为新时期加快经济结构调整的新思路。

为此，本书通过全球价值链的分析视角，利用国际产业转移理论与国际投资理论来分析、评估和比较中国典型产业对外转移的动因、规模与模式。在此基础上，提出推动国内产业合理、有序对外转移的建议，为政府制定政策提供参考。

（二）研究目的和意义

近年来，随着中国东部多省出现"招工难"和"民工荒"等现象，以生产纺织品、服装、箱包、鞋类、玩具、家具、塑料制品为主的传统劳动密集型产品的制造工厂正在逐渐从东部地区撤离，有的转移到中西部地区，也有的转移到东南亚、中亚甚至非洲。与此同时，一些问题亟待解决：近年来中国对外直接投资呈井喷式增长，与之相伴的有多少是产业转移？对外产业转移的程度如何？其中包含了多少劳动密集型产业和高污染产业？除东南亚和非洲之外，中国企业在后危机时代也大规模地向欧美投资，这与传统的国际产业转移模式具有较大差异，该如何理解并总结新模式的一般规律？对外产业转移会给国内经济发展带来哪些连锁反应？能否促进产业转型升级、提高就业率和外贸质量？……因此，研究我国对外产业转移的规模、模式和效应，明确其与全球价值链的本质关系，为我国企业境外投资和政府建立高质量的服务支撑体系提供有价值的信息和政策建议，将有助于优化境内外产业布局，加快国内产业转型升级，提升我国产业在全球价值链的位置，促进国际产业转移理论与实践的发展。

二、产业转移的含义

（一）产业转移的概念

产业转移是一种常见的经济现象，它是经济发展到一定阶段，由于要素供给、产品需求条件改变，引发不同区域间比较优势发生差异，进而通过贸易和跨区域直接投资的方式，将部分产业的生产、销售或研发转移到另一个地区，从而导致产业在空间上的迁移。其内涵包括广义和狭义两方面。

广义上的产业转移倾向于考察产业规模的变化，是指一定时期内不同区域比较优势改变导致产业在空间分布上的重新调整和转换，强调的是产业在区域间集聚和扩散的动态过程；而狭义上的产业转移则倾向于从微观视角考察企业规模的变化，是指企业将部分或全部生产功能从原生产地转移到另一地区导致区域间相对规模发生改变的过程。

产业转移既可能发生在同一国内的不同区域间，也可能发生在不同国家之间。本书研究的产业对外转移就属于后者，俗称"国际产业转移"或"跨国产业转移"。其发生的基础在于当今世界各国的经济发展水平存在差异，可大致划分为发达国家、次发达国家、新型工业化国家和发展中国家等类别。依托国际贸易和国际投资这两种重要渠道，产业在处于不同发展阶段的国家间迁移。在此过程中，跨国公司发挥了重要作用，成为国际产业转移的主要推动力量。与此同时，国际产业转移常常还会带来先进技术在更大范围内的传播。

（二）产业转移的类型

随着研究的不断深入，目前对产业转移现象出现了多种分类方式，以下介绍几种主要观点。

1. 按照主导产业的要素特征进行分类

按照主导产业的要素特征，产业转移可以划分为资源密集型产业转移、劳动密集型产业转移、资本密集型产业转移和技术密集型产业转移等。

大体而言，资源密集型和劳动密集型产业会成为最早对外转移的产业，而资本密集型和技术密集型产业的转移时间较晚。

2. 按照产业转移的动机进行分类

按照转移的动机，产业转移可以划分为市场扩张型、成本节约型、资源利用型、技术跟踪型、产能过剩型等。

市场扩张型产业转移主要针对在原区域处于成长期的产业，为了抢占外部市场、提高市场份额做出的战略性转移。如以三星、LG、索尼和夏普为代表的日、韩家电企业来华投资建厂。

成本节约型产业转移主要针对技术处于成熟期的产业，由于原区域制造成本上涨造成盈利水平下降，将生产环节向经济发展水平相对较低的国家和地区转移。如中国纺织服装业和制鞋业向东南亚和非洲转移。

资源利用型产业转移主要针对生产过程中对原材料依赖比较大的产业，为了以较低成本获得充裕的原材料，将生产向资源分布相对集中的地区转移。如中国造纸龙头企业太阳纸业赴老挝投资盐阔叶木浆厂以及赴美国新建绒毛浆生产基地。

技术跟踪型产业转移主要针对技术更新频率较高的行业，自主研发能力较弱的企业往往选择赴先进技术相对聚集的国家投资，在东道国通过组建研发团队或者并购同类企业的方式获得核心技术。如中国家电企业在欧美等国建立研发中心和收购 GE、美兹等知名品牌部分业务的行为。

产能过剩型产业转移主要针对国内部分产能明显过剩的产业，通过向境外输出产能，达到改善行业盈利水平的效果。如中国水泥企业奔赴中亚、非洲和东南亚投资建设生产线。

3. 按照产业链的转移程度进行分类

按照产业链的转移程度，产业转移可以划分为产业全部（整体）

转移和产业部分（局部）转移两类。前者强调的是产业链上所有环节都搬迁，后者则指产业链上部分环节的转移。

其他重要的分类方式还包括按照区域间发展水平（水平转移/垂直转移）划分、投资性质（存量转移/增量转移）划分、合作主体关系（双方合作型转移/平台合作型转移）划分、转移方向（正向转移/逆向转移）划分等。

三、文献回顾与综述

（一）产业转移的相关理论

多年以来，各国学者在研究和解释国际产业转移现象的过程形成了若干重要理论。

1. 中心—外围理论

该理论由阿根廷经济学家劳尔·普雷维什首先提出，他将发达资本主义国家和发展中国家视为"中心—外围"经济关系。他提出，与工业制成品相比，原材料和初级产品的需求弹性相对较低。中心国家以生产和出口工业品为主、外围国家以生产和出口初级产品为主的国际分工模式会导致后者贸易条件不断恶化。而发展中国家为了加速工业化进程，往往会采取进口替代战略，通过优惠条件吸引跨国公司投资。跨国公司通过技术外溢对外围国家本土产业技术进步起到一定作用，但也获取了巨额利润，阻碍了东道国的资本积累。该理论过多地强调国际产业转移造成的负面影响，对该现象的认识不够客观。

2. 劳动密集型产业转移理论

该理论是由获得1979年诺贝尔经济学奖的发展经济学学者阿瑟·刘易斯最先提出。他分析了二战后部分发达国家将劳动密集型产业向发展中国家转移的现象，指出人口自然增长率的差异导致上述两类国家在人口规模上的比较优势发生变化。发达国家由于劳动力数量下降导致人力成本升高，在发展劳动密集型产业方面逐渐丧失竞争力，所以加快推动这类产业对外转移；而发展中国家通过引进劳动密集型产业，促进国内产业结构调整，重构了战后的国际经济秩序。刘易斯对于国际产业转移的解释比较简单，缺乏理论性和系统性。

3. 产品生命周期理论

该理论是由美国经济学家雷蒙德·弗农最先提出，他将产品生命周期划分为三阶段：创新阶段、成熟阶段、标准化阶段。在他看来，产品的创新首先在发达国家完成，对研发能力的要求较高。而当生产进入成熟阶段和标准化阶段后，后期需要继续投入的技术越来越少，产品生产从知识密集型向劳动密集型过渡，此时发达国家可以逐步减少本国的生产，将生产转移到国外，直至最终通过进口满足国内需求，遵循"生产—出口—进口"的轨迹。该理论强调应按照产品发展的不同阶段选择最适合的生产区位，也暗含承接产业转移的国家应具备较强技术吸收和学习能力的要求。随着全球价值链理论和跨国公司的出现，产品生命周期理论的实用性受到了质疑。

4. 雁阵理论

该理论由日本经济学家赤松要最早提出。他基于对日本棉纺工业发展历史的考察，指出与发达国家相比，尽管发展中国家缺乏技术优势，但是具备后发优势，其产业发展可以按"国外进口—国内生产—产品出口"的顺序循环进行，这样能够缩短工业化的过程。赤松要还对亚洲国家进行了分类，以日本为雁头，紧随其后的是"亚洲四小龙"，之后是中国大陆和东盟各国。该理论对亚洲新兴国家的崛起发挥了重大指导作用，但是也存在不足，如认为后发国家将始终处于追赶地位，无法完成对发达国家的超越。

5. 边际产业扩张理论

20 世纪 60 年代，日本学者小岛清在总结赤松要的雁阵理论和弗农的产品生命周期理论基础上，结合日本对外直接投资的实践，提出了著名的"边际产业扩张理论"。他认为，对外直接投资应首选本国已经处于或者即将处于比较劣势而转入国具有或潜在具有比较优势的产业，这样的产业转移行为可达到转出国和转入国"双赢"的效果。事实上，当时日本和欧美企业在对外直接投资中的最大区别就在于前者的实施主体以中小企业为主，且集中在低技术的劳动密集型产业，而后者主要由大型跨国公司主导对外投资行为。

（二）国内外研究现状述评

全球价值链角度下产业转移的研究主要体现在五个方面。

1. 产业转移的理论基础

从产业转移的动因方面，Akamatsu（1962）最早从宏观层面解释了国际产业转移现象，认为劳动力成本上升是发达国家转移劳动密集型产业的主要原因；Vernon（1966）从产品生命周期的角度解释了产业转移的动因；小岛清（1987）提出了著名的"边际产业理论"，他认为本国已经或正在失去比较优势的产业应当首先对外转移；国际生产折中理论的创立者 Dunning（1981）对产业跨区域转移的分析主要基于微观层面，探求其转移的动机和原因；Hanson（1998）和 Krugman（1998）基于新经济地理理论提出，产业转移取决于外部规模经济、中介成本和地租。

从产业转移的测度方面，Maria Savona（2004）根据区位熵构建了国际产业转移指数，并分析了国际产业转移与意大利产业发展的相关关系；陈建军（2007）构建了区域产业竞争力系数的动态变化评估产业区域转移的存在；张公嵬等（2010）运用赫芬达尔指数、区位熵与产业绝对份额测度了中国产业转移的程度；刘红光等（2011）则利用投入产出表进行定量测度。

从产业转移的模式和区位方面，产业转移模式的研究多是以动因的理论作为基础。如 Akamatsu（1937）提出的"雁形模式"揭示了发展中国家通过参与国际分工，实现自身产业结构优化调整的目标；Cumings（1984）和 Ozawa（1993）通过实证研究验证了东亚产业分工与转移符合"雁形模式"；胡宇辰（2005）和 Vernon（1996）则根据梯度转移理论和产品生命周期理论分别提出"（顺/逆）梯度转移模式"和"产业循环发展模式"；赵张耀、汪斌（2005）针对工序型产业转移的发展提出网络型国际产业转移模式；相关研究还包括郑燕伟（2000）、曹荣庆（2001）、马子红（2009）以及张玉（2011）。

区位选择多是以国际投资和贸易理论为基础。如国际生产折中理论和边际成本理论也划分了 5 种类型的区位选择；Brouwer（2004）通过对 21 个国家企业迁移行为进行研究，发现企业规模也是选择区位的重要因素；Little（1978）和 Luger（1985）研究了其他国家向美国进行产业转移的区位选择因素，类似的研究还包括 Head and Ries（1996）、Friedman（1992，1996）。国内学者认为是多种因素共同作用决定区位选择（张定胜 2008、多淑杰 2010）。

从产业转移的效应方面，基于母国考虑，潘未名（1994）认为产业转移可能导致"产业空心化"，魏后凯（2003）认为产业转出后竞争力的增减取决于新兴产业能否快速成长；基于东道国考虑，卢根鑫（1997）分析了产业转移对发展中国家的效应归结为 5 个方面：要素转移、结构成长、就业结构、提高资本有机构成和加速国民生产总值提高；Ozawa and Castello（2001）认为产业转移有助于提高东道国的消费品工业竞争力，宋群（2005）和郭丽（2008）等从正负两方面分析了产业转移效应。

2. 全球价值链相关研究综述

其一，关于全球价值链的概念。最具代表性的是波特（1985）在其《竞争优势》中首次提出的"价值链"概念及相关理论，这形成了该理论的基石；Kogut（1985）在波特的基础上提出了价值增值链的概念，反映了价值链垂直分离与全球空间再配置的关系；Gereffi（2001）从价值链的角度分析了全球化进程，并建立了全球商品链理论；UNI-DO（2002）则从商品生产的全过程定义全球价值链。

其二，关于全球价值链的治理。Humphrey（2001）和 Schmitz（2002）将网络型、准层级型、层级型以及市场型总结为全球价值链上由控制能力大小划分的主导企业治理结构的四种主要类型；Gereffi et al.（2003）根据市场交易的复杂程度、交易能力与供应能力的不同，将全球价值链治理结构细分为市场型、模块型、关系型、领导型和层级制 5 种，并首次提出了全球价值链动态治理的学说。

其三，关于全球价值链的驱动力。Gereffi and Korzeniewicz（1994）按照全球价值链驱动力差异，首次将其细分为生产者驱动和消费者驱动两大类型；Henderson（1998）在此基础上，将上述两类驱动力类型与按照产业资源利用密集程度的类型实现了归类；张辉（2004）从动力来源等 9 个方面对两种驱动类型进行了比较研究。

其四，关于全球价值链创新。UNIDO（2004）将全球价值链创新划分为过程创新、产品创新、功能创新与跨价值创新 4 种类型，并认为 4 种类型的综合利用能提高自身的竞争力；Mathews and Cho（2000）

则从创新活动的角度对发展中国家参与全球价值链后的发展轨迹进行了研究，并探讨了其在价值链中创新的轨迹走向。

其五，关于全球价值链下的产业升级。Humphrey and Schmitz（2000，2002）以企业为中心将升级分成4种途径：工艺流程升级、产品升级、功能升级和部门升级；施振荣（1996）将价值链中各环节的价值关系形象地描述为"微笑曲线"，产业升级的过程即由曲线低端的加工组装环节向曲线顶端的研发、设计、品牌、营销等高附加值环节移动。

3. 全球价值链与产业转移相结合的研究综述

Gereffi（1999）认为全球价值链主导着国家之间的产业转移，并建立了全球分工和生产网络，实现了功能的一体化和国际性分散活动的协作。Humphrey and Schmitz（2002）认为在国际产业转移中，承接方发挥后发优势，实现从价值链下游向上游攀升的关键是沿着基础加工→贴牌生产→自己设计制造→自有品牌制造的路径进行生产能力和价值获取能力的提升。Luiza et al.（2004）着重从发展中国家代工企业所获得的参数要求的角度分析了由美国和欧洲各自主导的价值链的差别，研究表明两者分属于价格驱动型和质量驱动型，这可以从设计创新、价格削减和新材料运用等多方面得到证实。研究还发现，目前大多数发展中国家往往会同时加入上述两条价值链，但仅能获得特定的能力和技术。Schmitz（2004）提出本土企业的全球化发展路径应当是先国内后国外，只有首先在国内市场赢得研发和营销方面的竞争优势才能考虑国际市场。按照该路径发展的企业往往在全球价值链中具有较强的功能升级与部门升级的能力。余慧倩（2004）通过测算指出，在垂直型国际分工体系中，产业跨国转移技术溢出效应大多是负值，而且随着产业转移的深入，产业转出国和承接国之间的技术差异不仅很难缩小，反之还有扩大的可能。网络型国际产业转移模式是赵张耀等（2005）提出的，这是一种新的转移模式。刘志彪等（2008）研究表明，两头在外的加工贸易模式导致我国东部企业在价值链的末端环节上尽管完成了一定程度的工艺和产品升级，但是未能实现更高层次的升级，不利于加强国内产业间的关联和协调发展。张少军等（2009）主要从竞争优势、市场环境和技术进步等角度对国际金融危机前后全球产业转移的驱动力进行了进一步剖析。

4. 关于全球价值链重构的研究综述

Gary Gereffi 最早在 "*International trade and industrial upgrading in the apparel commodity chain*"（1999）中以 20 世纪 50 年代以来亚洲服装产业升级与产业转移为切入点，提出全球商品链理论，并对比分析采购者驱动价值链与生产者驱动价值链两种形式，微观上肯定了全球采购商推动全球生产体系中的作用，宏观上阐释了跨国公司依据价值链理论对不同生产环节在全球范围内整合的客观事实，并提出纺织品服装产业在商品链内通过产业转移实现升级的路径。在此基础上，Milberg & Winkler 在世界贸易危机与复苏的背景下，观察美国和欧盟在 2008 和 2009 年进口需求的变化，进一步提出了价值链重构这一概念，根据特定领域商品的进出口数据分析与应用于美国与欧盟贸易数据的实证检验，将价值链重构方式分为垂直重构与水平重构，得出发展中国家应该更多聚焦于发展中国家贸易、发达国家在高失业率的条件下仍然有必要坚持贸易保护的结论。李平、狄辉（2006）基于标准模块化的制造模式研究产业价值链重构，围绕决定模块价值的核心因素，预测产业价值链模块化重构后的新特征。谭力文、马海燕（2006）着重研究在全球外包生产的大环境下，处于"躯体"外包为主体的阶段并倾向于向"脑体"外包为中心转移的中国企业如何重构企业价值链，保持竞争优势。张明之、梁洪基（2015）聚焦于国家在全球价值链重构中的产业控制力考察，建议中国企业深度参与先进的全球生产体系，实现企业对关键制造环节等高端环节的控制。

5. 关于价值链重构与产业转移的研究综述

刘友金、胡黎明（2011）通过对历次国际分工形成与发展的分析，提出新一轮的产业转移以产品内分工为主要动因，以价值链跨区域重组为主导方式的观点。张辉（2004）回顾从价值链理论形成到目前垂直分离和重构趋势，将产业升级归结为工艺流程升级、产品升级、产业功能升级与链条升级，升级的转换一般源于突破性创新，而融入产业价值链条或产业集群能够更好地获取突破性创新。田文、张亚青、余珉（2015）从出口结构的角度构建产业均衡模型，阐释价值链重构对出口结构调整的作用机制，得出价值链重构的趋势客观存在，提出形成需求主导向技术主导的 GVC 发展战略。张宏、王建（2013）通过考察我国制造业在全球价值链的分工地位，建立工厂区位分布的一般均衡模型，从对外直接投资的角度探讨价值链升级的微观机理。

（三）简要述评

从上述研究中不难看出，无论是产业转移还是全球价值链，单方面的研究均很成熟，但是将两者结合起来的研究仍处于起步阶段。同时，现有文献多集中于发达国家对发展中国家的产业转移或发展中国家承接国际产业转移的研究，而对于发展中国家的产业再转移研究有限，尤其是发展中国家迅速扩大对发达国家投资的问题，现有理论较少具有普遍的说服力。需要指出的是，国内学者多是从我国国内区域产业转移的范围进行考察，尚未就中国对外产业转移的一系列问题展开深入研究。虽然中国对外产业转移的研究与对外投资的研究密切相关，多数经典投资理论能够在一定阶段、范围内较好地解释中国对外产业转移现象，但中国的问题具有很强的独特性，在加大对东南亚产业转移以及全球各地区投资的情况下，有必要对中国对外产业转移问题进行更深入的研究。

第二章

中国产业对外转移的回顾与现状

一、国际产业转移的主要途径

国际产业转移是同一产业在不同的国家间产值规模的重新分布，既有生产能力的转移，也包括资本和技术在空间位置上的调整，而且产业转移的范围正在从传统的制造业向服务业拓展。目前转移的途径主要有三种：国际贸易、对外直接投资和合约订单。

（一）国际贸易的途径

弗农的产品生命周期理论里提到，发达国家的产业发展可以遵循"生产—出口—进口"的顺序进行。尤其是对不具备长期技术垄断优势的产业，一旦行业的发展进入成熟阶段，标准化的生产模式让后发国家也具备竞争力，因此发达国家可以逐步削减本国产能直至最终停产，而让后发国家的本土企业成为该产品的主要生产供应商，从而完成产业跨国转移。之后发达国家通过贸易进口的方式满足其国内需求。

（二）对外直接投资的途径

20 世纪 60 ~ 70 年代，欧、美、日的本土企业都是通过该途径实现了产业对外转移。上述国家和地区的企业基本上都选择对经济发展水平相对较低的国家进行投资，在资本输出的同时也将本国先进技术对外传播。而且它们均遵循"资源和劳动密集型—资本密集型—技术密集型"的转移次序，不同点是当时欧美参与 FDI（外商直接投资）的主体大多是实力雄厚的跨国公司，日本则是国内处于比较劣势行业的中小企业。

（三）合约订单的途径

与对外直接投资途径中跨国公司需要直接参与东道国企业的生产经营不同，在合约订单的途径下，跨国公司仅通过合同生产、许可经营和贴牌生产等合约形式就可完成向发展中国家的产业转移。发展中国家的本土企业在接受海外订单后，整合当地资源要素进行生产，并在规定时间内提供中间产品或最终产品。产品的设计和销售都由提供订单的跨国公司所掌控，发展中国家的企业成为前者的生产车间，赚取加工费。

在上述三类产业转移途径中，国际贸易途径所占的比重相对较低，而实施合约订单途径的企业集中于欧美发达国家，只有对外直接投资途径的参与主体最广，而且近年来发展中国家占全球对外直接投资总额的比重呈上升趋势。对外直接投资已成为国际产业转移的主要途径。

二、国际产业转移的回顾和展望

（一）历次国际产业转移概述

经济增长和技术创新的不断推进让产业转移跨越国境，在更大的范围内进行。伴随产业在全球的转移，带来了生产制造、库存运输和营销设计等环节空间布局的重新调整，并造成世界经济中心的变迁。国际产业转移起步于20世纪初的资本输出，但是学术界公认的大规模开展是在二战结束后。目前对于全球产业转移的阶段划分存在几种主要观点，如"三阶段论""四阶段论"和"五阶段论"。本书将采纳"四阶段论"的提法。事实上，"三阶段论"是将20世纪60年代和70年代的两次转移合并，而"五阶段论"则是将80年代之后的产业转移进一步细分为80年代和90年代之后两个阶段。

1. 20世纪50年代的国际产业转移

第二次世界大战给全球经济造成了毁灭性的打击，尤其欧洲各国，经济在战后普遍陷入低迷，而美国则趁机确立了世界霸主的地位。20世纪50年代，美国主动进行产业结构调整，启动了产业大规模对外转移的行动。

美国进行大规模产业转移的原因主要有两方面：一是出于政治利益考虑。二战后美国实施了旨在帮助欧洲经济复苏的马歇尔计划，同时在亚洲建立日美同盟，扶持日本遏制苏联。此外，作为美国的邻国，加拿大具有丰富的自然资源，而且加强同邻国的经济联系有助于美国周边的稳定。因此，美国选择了西德、日本和加拿大作为本次产业转移的主要承接国。二是出于经济利益考虑。当时美国政府基于对产业技术未来趋势的判断，已经做出下一阶段将集中精力发展通信和电子计算机等技术密集型产业以及汽车和化工等资本密集型产业的决定。因为要给上述产业腾出发展空间，所以将技术含量较低、发展进入成熟阶段的传统产业如钢铁和纺织业向外输出。

本次产业转移让日本和西德获得发展良机，加速了它们的工业化进程，也为这两国后来成为劳动密集型产品的主要出口国打下了基础。

2. 20世纪60年代的国际产业转移

经过10年左右的快速发展，西德和日本科技水平得到很大提升，国内经济也呈现繁荣的景象。而美国通过大力发展新兴技术密集型产业和资本密集型产业，制造技术和研发能力获得了进一步增强。本次国际产业转移的参与主体增加。一方面，上次产业转移的受益国日本和西德仿效美国的做法，将本国的劳动密集型产业和部分高污染产业向近邻的韩国、新加坡、中国台湾和中国香港等地区转移，国内则主要发展集成电路、家用电器、航空航天以及钢铁、化工等资本技术密集型产业；另一方面美国也继续加大本国产业对外转移的范围，将劳动密集型和高能耗的资本密集型产业直接向新兴工业化国家和地区转移。

"亚洲四小龙"（韩国、新加坡、中国香港和中国台湾）是本次国际产业转移的最大受益者。它们充分利用各自廉价的劳动力优势，发展出口导向型的劳动密集型产业，通过快速完成资本积累和工业化进程，促进了本地产业结构升级。

3. 20世纪70年代的国际产业转移

两次石油危机的爆发让欧美发达国家将发展重点转向附加值高、能耗低的技术和知识密集型产业，以逐步降低对传统能源资源的依赖。因此，高耗能、高污染、资源性产业成为本次国际产业转移的对象，重点包括钢铁、造船、化工等。由于承接上述产业的国家和地区须具备一定的技术水平和经济实力，因此集中在新兴工业化国家和地区，以"亚洲四小龙"为主。这类国家和地区一方面承接了来自发达国家转出的粗放资本密集型重化工业，同时也将本地发展成熟的劳动密集型轻工业继续向东盟的泰国和马来西亚等国转移。后者延续了"亚洲四小龙"的产业发展轨迹，大大改善了本国贸易状况。

4. 20 世纪 80 年代以后的国际产业转移

经过三次重大的全球产业转移，欧、美、日等发达国家和地区已经确立了在世界各国中的技术和经济水平领先的地位，引领全球技术发展的趋势。上述发达国家之间，技术密集型产业双向转移的现象频频发生。与此同时，发达国家既会向新兴工业化国家转移资本密集型和部分低附加值的技术密集型产业，也会向发展中国家转移劳动密集型和部分资本密集型产业，上述几种转移途径同步进行。另一方面，新兴工业化国家也会将劳动密集型和部分低附加值资本密集型产业向发展中国家转移，从而构成了一个完整的产业梯度转移链。

在该时期，随着中国大陆实施改革开放，低廉的劳动力、广阔的消费市场、不断完善的基础设施以及大批高素质人才都吸引了发达国家和新型工业化国家的跨国公司来华投资。从初期的资源劳动密集型产业，到后期的资本重化产业，直至部分低附加值的技术知识密集型产业都逐步转移至此。到 20 世纪末，生产性服务外包盛行，跨国公司在全球范围内组织最有效的资源进行生产。中国大陆企业最初只能从事产业链上的贴牌生产工作，但之后也逐步吸引了包括微软在内的众多外资企业在华成立研发中心，参与更多核心业务。中国大陆是此次产业转移的最大赢家，逐步成长为世界第二大经济体。

（二）当前国际产业转移的新趋势

1. 国际产业转移的规模扩大化、结构高度化

随着经济全球化的不断深入，不论是发达国家还是新兴市场国家或发展中国家，都进入了新一轮的产业结构调整和升级，因此产业跨国转移呈现出速度加快化、规模扩大化和结构高度化的特征。

一方面，由于欧美发达国家已经步入"后工业化"阶段，本国集中精力发展金融、研发、咨询和设计等现代服务业，而将非核心业务外包出去，向境外转移。另一方面，高技术产业转移过程中常会发生"逆向转移"现象，即相对落后的地区某一产业发展到一定阶段后，为获取更多更前沿的技术资源，往往选择将研发环节搬迁到相对发达的国家和地区。甚至由于新能源的出现大幅降低了企业的生产成本，部分新兴市场国家企业还会做出将劳动密集型产业向发达国家和地区逆向转移的决定，利用后者在能源、仓储和物流方面的优势弥补劳动力成本的劣势。此外，发达国家间相互产业转移的规模也在不断扩大，基本以高新技术产业和新兴服务业为主。因此目前国际产业转移的模式已经从过去单一的"发达国家—发展中国家"演变为"发达国家—发达国家""发达国家—发展中国家""发展中国家—发达国家"共存的多方面格局。

《2015 年世界投资报告》显示，2014 年流入发展中经济体的 FDI 达到历史最高水平，为 6810 亿美元，年增幅 2%。发展中经济体在全球 FDI 流动格局中的地位进一步增强，占全球 FDI 流量的 55%。但是同期流入发达经济体的 FDI 却下降了 28%，仅为 4990 亿美元。与此同时，当年发展中国家跨国企业对外投资大幅提升 23%，高达 4680 亿美元，创造了新的历史纪录。发展中国家占全球对外投资总量的比重从 2007 年全球经济危机前的 13% 上升到目前的 1/3 以上。

2. 跨国公司在推动全球产业转移中发挥了重要作用

据不完全统计，跨国公司贡献了全球 50% 以上的国际贸易额、90% 以上的对外直接投资、80% 以上的新技术新工艺和 70% 以上的国际技术转让。因此，它们成为了当代推动国际贸易、国际投资和国际产业转移的主要力量。20 世纪 90 年代之前，跨国公司通常只将加工制造环节转移到国外。但是全球经济一体化让国际分工更加细化，产业分工也从产业间分工发展到了产品内分工。于是各大跨国公司均借助供应链管理模式，在保留核心设计和关键技术基础上，将其他业务全部转移出去，利用东道国技术设备和人力资源，授权后者采取 OEM 或者 ODM 等模式组织生产和销售。跨国公司通过对产业链上的各环节进行深度垂直整合，从而实现最优的资源配置、获取最大的市场利润。事实上，近年来发展中国家的跨国公司也得到了较快成长，在全球对外直接投资中的影响与日俱增。2013 年，发展中国家的跨国公司 OFDI（对外直接投资）创造了历史新高，达到 4540 亿美元。如果包括转型经济体，其占全球 FDI 流出总量的比重将达到 39%，而该比例在 21 世纪初仅为 12%。

3. 现代服务业成为当前国际产业转移的新热点

二战之后全球几次大规模的产业转移都以制造业为主，较少涉及服务业。不过从 20 世纪 90 年代开始，美国、日本和德国等发达国家每年对外直接投资中流向服务业的比重不断提高，技术创新导向型投资成为了新的国际投资方向。根据联合国贸发会议历年《世界投资报告》的统计，20 世纪 90 年代初期，全球服务业吸收外国直接投资约占全部外国直接投资的一半，但 10 年后该数据就上升至约 70%。总体而言，当前推动服务业跨国转移的主体仍然是发达国家，具体包括项目外包和业务离岸化等形式，其中服务外包在新世纪发展非常迅猛。全球离岸服务外包业务规模 2004 年时不足 200 亿美元，10 年后即 2014 年已经突破 1500 亿美元，且规模仍在持续扩大。当前中国稳居世界第二大离岸服务外包承接国，仅次于印度。

4. 产业跨境转移中频繁出现产业链整体搬迁的现象

当前国际分工的不断细化，让企业间的联系也更加密切。不论是处于产业链上下游环节的企业，还是处于同一环节有横向联系的企业，都可以通过分享技术、资本、信息和原材料等资源要素，实现共赢式发展。因此，跨国公司在实施产业对外转移时，也会有意识地带动和引导相关的配套企业共同开展投资，促进东道国产业集群的构建。产业链整体搬迁的方式有助于降低投资风险，同时增强与东道国政府谈判时的话语权。例如 21 世纪初中国台湾半导体产业向中国大陆转移时，从 IC 设计、制造到封装测试和通路模组，相关产业相继搬迁到此。当前，在中国政府的支持下，中资企业在海外建设的各类产业园区已经超过 50 个，产业园已成为带动中资企业"走出去"的主要形式。

5. 后金融危机时代国际产业转移的节奏加快

金融危机爆发后，欧美发达国家纷纷启动了"再工业化"战略，重新审视实体经济的价值。"再工业化"战略的实质并不只是发达国家海外生产基地的回迁，也是通过大力发展新能源和先进制造等新兴战略性高技术产业，抢占未来竞争的制高点。因此，新一轮的产业结构调整势在必行，"工业 4.0""共享经济""工业互联网"等正在引领发达国家的产业升级。而新兴市场国家和发展中国家为了向产业链的中上游突围，同样加大了对先进制造产业的投入。围绕上述产业的全球布局和争夺已经展开。

另一方面，金融危机之后欧美国家普遍陷入经济低迷，许多世界知名企业出现了经营危机，这就为新兴市场国家企业实施跨国并购提供了机会。《世界投资报告》统计表明，从 2010 年起，全球跨境并购交易值增长较快，2010 年增幅为 36%，2011 年继续升至 53%。可以预见，未来以跨国公司为主导、以新兴产业为依托的产业跨境转移节奏将会更快。

三、基于对外直接投资途径的中国产业对外转移

如上文所述，基于对外直接投资途径的国际产业转移是指部分产业通过企业对外直接投资的方式向境外转移，曾经是欧美等发达国家向发展中国家实施产业转移的主要途径。2014 年中国对外直接投资规模与同期吸引外资规模仅差 35.6 亿美元，即将成为资本净输出国。这标志着当前和今后很长一段时间内中国产业对外转移将会在很大程度上借助于 OFDI（对外直接投资）的途径。

（一）中国对外直接投资促进产业转移的历程

中国企业开展国际投资的历史不长。1985 年，原外经贸部颁布《关于在国外开设非贸易型合资经营企业的审批程序和管理办法》，从制度层面规范了国内企业的境外投资行为。直到 21 世纪初期，"走出去" 利用 "两个市场、两种资源" 才正式上升为国家战略。2001 年底，中国加入 WTO 不仅为国内产品出口创造了便利的贸易条件，也鼓励了更多有实力的本土企业到境外投资。2002 年底，国家统计局颁布了《中国对外直接投资统计制度》，遵循 OECD 的统计标准，将10% 作为界定直接投资的标准，并在 2003 年底首次公布了截至 2002年底中国对外直接投资的存量数据。2004 年，国家统计局公布的年度《中国对外直接投资统计公报》将投资数据细分为 "金融类" 和 "非金融类"，进一步完善了统计工作。

图 2 - 1 总结了 1986 ~ 2014 年间中国对外直接投资的累积净额

（存量）以及每年增速的变化情况。1986～2001 年数据来自联合国贸发组织公布的历年《世界投资报告》，而 2002～2014 年数据则来自国家统计局等部门联合发布的历年《中国对外直接投资统计公报》。

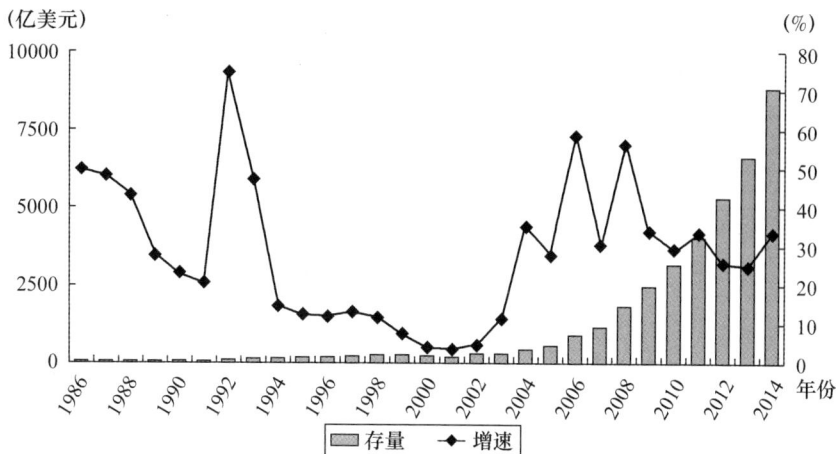

图 2 - 1　1986～2014 年中国对外直接投资存量和增速变化

资料来源：1986～2001 年《世界投资报告》，2002～2014 年《中国对外直接投资统计公报》。

根据图 2 - 1 的数据变化，本书把过去近 20 年的中国对外直接投资历程大致划分为三个阶段。

第一阶段：投资起步（1986～2001 年）

在这个阶段，中国主要以承接来自欧、美、日和新型工业化国家及地区转移的产业为主，参与对外投资的企业数量少、范围窄、目的比较单一。

关于中国最早的、相对权威的对外直接投资统计数据，一个来自联合国贸发组织的数据库，0.44 亿美元，另一个来自中国社科院出版的《当代中国的对外经济合作》，它将统计起始时间追溯到 1979 年，0.005 亿美元。在 1992 年邓小平南方讲话前，中国对外直接投资的主体集中在国有大型对外贸易公司和国际经济合作公司，部分大中型工业企业和综合性企业也参与其中。对外投资的区域从周边地区扩展到发展中国家，并逐步拓展到部分发达国家，涉及餐饮服务业、制造业和资源开发业等多个行业。1992 年年底，中国对外直接投资净额接近 100 亿美元。

1992 年党的十四大提出建立社会主义市场经济体制的概念，中国开始了新一轮市场经济体制改革，更多的所有制主体参与到市场竞争中，参与国际投资的本土企业数量增加。在 1993～2001 年期间，中国对外直接投资数额连续跨越了 100 亿和 200 亿美元的关口，保持了年均 13.5％的增速。期间两次出现增速骤降，一次是 1994 年受人民币汇率改革的影响，另一次是 1998 年受亚洲金融危机的影响。

总体而言，分析第一阶段中国对外直接投资的表现，如按照投资金额统计，前三名的行业是生产加工类、资源类和服务贸易类；如按照参与企业总数统计，前三名的行业是服务贸易类、生产加工类和贸易类；如按照资金区域分布统计，不同行业的差别较大，不过基本都以亚洲为主。

第二阶段：投资加速（2002～2008 年）

以中国加入 WTO 为标志，国内各类企业加快了"走出去"的脚步，政府也从政策上为企业开展海外投资"松绑"，如国家进出口银行给予国有对外投资企业贷款上的优惠、鼓励跨国企业进行国际并购。同期商务部颁布的《关于境外投资开办企业核准事项的规定》则进一步推进了对外投资便利化。

在这个阶段，中国对外直接投资流量开始呈现持续快速增长，从 2002 年的 25.18 亿美元仅用了 6 年时间就攀升至 2008 年的 559.1 亿美元，增幅接近 25 倍，年均增速 167％。期间还发生了多起重大跨国并购案例，例如 TCL 收购施耐德（德国）和阿尔卡特（法国）、联想并购 IBM 的 PC 业务等，都在当时引起了业内的轰动。

截至 2008 年底，中国对外直接投资累计净额接近 2000 亿美元，其中非金融类占比 80.1%，全体境外企业资产总额超过 1 万亿美元。通过兼并、收购实现的直接投资对流量的贡献逐渐接近一半。制造业投资金额占流量的比重始终不大，2008 年时仅为 3.2%，总计 17.7 亿美元，在非金融类行业里落后于批发零售业、采矿业和交通运输业。制造业细分门类中通信设备制造业、纺织服装/鞋/帽制造业和有色金融冶炼及延展加工业对外投资的金额较大。

第三阶段：并购投资（2009～2014 年）

国际金融危机的爆发为中国企业开展对外直接投资提供了重要机遇。以广东省政府针对珠三角提出的"腾笼换鸟"政策为标志，中国逐步从之前被动的产业转移承接者，向产业转移的引领者过渡。

一方面，"刘易斯拐点"的到来造成国内劳动力成本上升，新《劳动合同法》的颁布让出口加工企业依靠压低工资水平赚取利润的时代成为过去。出口退税率的降低、内外资企业的两税合一、对"两高一资型"产品出口的限制以及部分行业出现产能过剩的现实都倒逼本土企业"走出去"。

另一方面，欧美企业普遍面临经营压力，急需来自新兴市场国家的资金援助以便走出困境，它为中国企业向发达国家部分产业的逆向转移创造了条件。

图 2-2 反映了后危机时代中国对外直接投资净额（流量）和实际利用外资规模的变化。从两条曲线走势可以清晰看出，带有三角形标志的曲线代表的实际利用外资规模在金融危机后增长乏力，从 2009 年的 918 亿美元增加到 2014 年 1285 亿美元，增长了约 367 亿美元；期间还经历过 2013 年的小幅回调，年均增幅仅 6.96%。而带有菱形标志的曲线代表的对外直接投资净额在最近 6 年的上升势头明显，从

(亿美元)

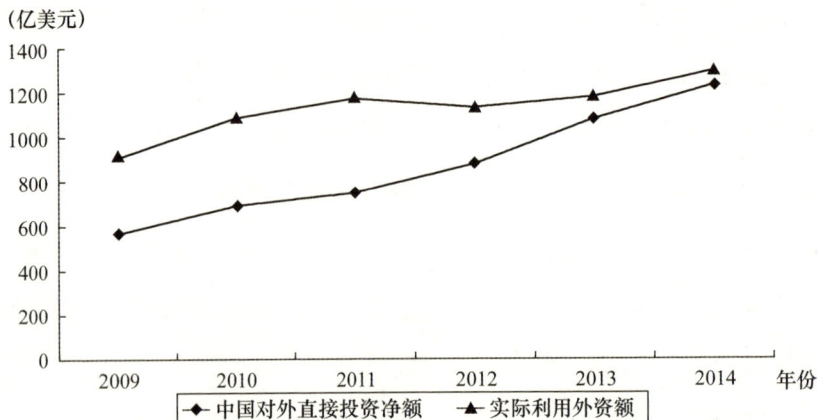

图2-2 2009~2014年中国对外直接投资和实际利用外资变化

资料来源：国家统计局。

2009年565亿美元增加到2014年1231亿美元，增长了约666亿美元，年均增幅16.84%，高出前者约10个百分点。因此带有菱形标志的曲线完成对带有三角形标态的曲线的超越只是时间问题，这表明我国在全球经济活动中扮演的角色已发生重大的改变。

2009~2014年期间，中国对外直接投资规模继续扩大，占全球总量的比重也不断提高，这可以从每年全球的排名中得到验证。流量排名方面，在2009年之前中国从未进入过前10名，当年一举进入前5名，2012年又跃升至第3名，并保持至今；存量排名方面，2008年中国首次进入前20名，之后稳步上升，2014年突破前10名的关口，跻身第8名。

图2-3总结了2004~2014年中国对外直接投资并购金额的变化。从中可以看出，以金融危机的爆发为分界线，之前的并购规模都不足100亿美元，而危机后每年的并购规模基本都超过200亿美元，而且从2012年起屡创新高，突破600亿美元的关口指日可待。金融危机后，中国企业开启新一轮跨国并购热潮，其中涉及金额较大的案例包括家电企业海尔集团并购GE的家电业务、工程机械企业三一重工并

购德国巨头普茨迈斯特、汽车企业吉利集团并购沃尔沃轿车、能源企业中石化收购瑞士石油巨头 Addax 公司、资源企业五矿集团收购秘鲁邦巴斯铜矿等。截至 2014 年，中国对外直接投资连续 12 年增长，年均增速 37.5%。当年中国企业实施对外并购项目 595 起，涉及 69 个国家（地区）和 17 个行业大类，实际交易金额 569 亿美元。其中制造业并购 167 起，并购金额 118.8 亿美元，占当年中国对外投资并购总额的 20.9%，仅次于采矿业。

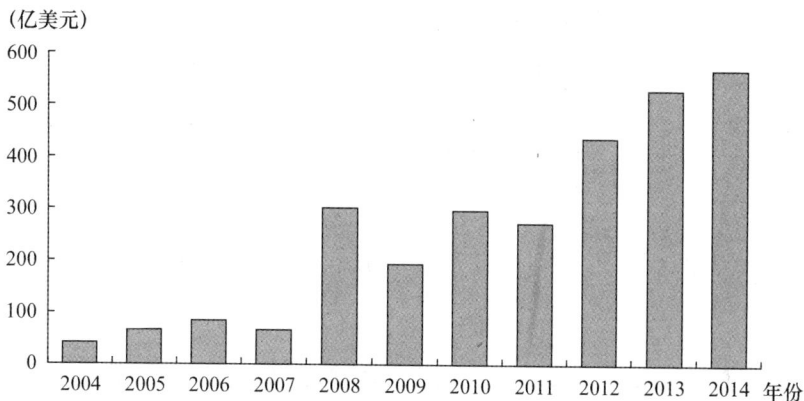

图 2 - 3 2004 ~ 2014 年中国对外直接投资并购金额变化

资料来源：国家统计局。

当前我国企业对外直接投资已经从资源能源领域向制造业以及围绕制造业的生产性服务业拓展，2014 年第三产业贡献投资流量的 73.4%，几乎达到第二产业（25.3%）的 3 倍。在投资主体方面，过去国有企业主导的投资模式正朝着国有企业和民营企业并驾齐驱的格局转变。而在投资目的地方面，中国企业对欧盟、美国和澳大利亚的投资在 2014 年创历史新高，发达国家已经成为中国企业海外投资的首选。

（二）制约中国产业对外转移的因素分析

国际产业转移是世界经济发展的必然趋势，包括中国在内的众多发展中国家都曾从中受益。通过承接来自发展水平相对更高的国家和地区的产业转移，可以弥补本国资金不足，获得更先进的生产技术和管理经验，加速工业化进程。

一方面，只要世界各国间仍然存在经济和技术水平的差异，产业跨境转移脚步就不会停止；另一方面，只有深度融入全球产业链，及时把握国际产业转移的最新趋势，才能根据变化及时调整本国的产业结构，朝着合理化和高度化的方向升级。如果说改革开放的头三十年中国经济高速发展离不开承接国际产业转移的贡献，那么金融危机结束后，随着中国对外国际地位的提升和对内产业结构的调整，主动、合理、有序地推进国内产业对外转移应成为促进产业结构升级的重要内容。

其实要想顺利地开展产业对外转移工作，首先应当理顺以下四组重要的关系。

1. 产业向海外转移和向中西部转移的关系

与主导前几次国际产业转移的西德、日本以及"亚洲四小龙"不同，中国拥有广阔的国土区域，东、中、西部经济发展水平呈现明显的梯度差异。东部沿海地区由于最早实行改革开放政策，加上便利的海上交通运输条件，成为中国经济的领头羊，也是当前国内实施产业转移的主要转出地。中部和西部地区借助"中部崛起"和"西部大开发"的战略已获得了较大发展，基础设施条件不断完善，劳动力素质明显增强，因此迫切希望承接东部的产业转移。事实上，过去十年里东部有很多产业已完成国内的跨区域转移，延长了产品的生命周期，延缓了行业利润率下降的速度。

对于下一阶段东部地区产业结构调整是应以海外转移为主还是以中西部为主，我们认为应结合待转移行业的属性和待转移企业的情况具体分析，不能一概而论。例如原则上，产能过剩型和"两高一资"型行业应以海外转移为主，而劳动密集型和资本密集型行业可以视情况，选择国内外不同区域合理布局。当前国内水泥、钢铁、电解铝和平板玻璃等行业已经出现明显的产能过剩，必须严格禁止新增产能，而周边很多东南亚和"一带一路"国家正处于基础设施建设大规模启动阶段，可以很好地消化中国的过剩产能。此外，"两高一资"行业的发展不符合"环保节能"和"绿色经济"的发展目标，可以通过提高环保标准和生产成本等途径迫使其自动退出国内市场。至于具体到企业的选择，我们一贯坚持自主选择转移方向是市场经济条件下企业的合法权利。各地政府部门可以提供充分的市场信息，以政策引导为主，不能干涉企业的抉择，不过应鼓励更多有实力的企业开展国际化经营，加快"走出去"。

2. 劳动密集型产业转移和地方经济社会发展的关系

纺织服装和鞋帽制造业是吸纳劳动力较多的劳动密集型产业，同时也是历次产业结构调整中最早被列入转移名单的产业。后金融危机时代，中国经济遭遇前所未有的"三期叠加"，宏观经济增速下台阶的现实让我们在实施产业转移战略时必须更加慎重和耐心。

一方面，为了提高中国纺织业的技术水平和产品附加值，应加快"机器换人"的脚步，提高行业生产的自动化和智能化水平，向国际同行看齐。但是另一方面，一旦加快实施产业对外转移和自动化生产，全行业将面临又一次大规模的失业潮。在中国经济增速进入"6"的时代，城镇新增就业规模虽持续增长但是同比增幅缩小的今天，无疑会给当地政府造成较大压力。这也是导致中国纺织企业海外生产基地技术水平普遍高于国内工厂的重要原因，它与开展对外转移促进产业升级的初衷是不相符的。

3. 产业对外转移和产业"空心化"的关系

20世纪后半期，欧、美、日等发达国家相继启动"去工业化"战略，将生产制造环节向海外转移，国内集中精力发展生产性服务业，造成工业产值在国民经济中的比重不断下降。以美国为例，由于持续"去工业化"，美国制造业产值占GDP的比重从20世纪60年代27%的峰值，滑落至金融危机爆发前2007年的11.7%。其时对美国GDP贡献最大的行业不再是制造业，而是金融和房地产服务业，后者的利润总额占美国企业利润总额的比重超过40%。日本也曾发生由于本土企业大规模海外投资引发国内失业率上升、贸易条件恶化、产业出现"空心化"的现象。

不过，中国产业对外转移造成"空心化"的可能性较小。一是中国经济规模庞大、产业门类齐全，部分产业对外转移对于产业整体而言影响不大；二是尽管中国对外直接投资的净额在快速增长，但是同时已连续17年成为吸收外资最多的发展中国家，产业转出后留下的空间可通过承接国外技术水平和附加值更高的产业来填补。当然，如果产业转出太快，可能会造成局部地区短期内面临"产业空心化"的威胁。

4. 产业逆向转移和自主创新的关系

产业逆向转移通常发生在高技术产业发展过程中，主要针对发展中国家里具有一定国际竞争力的跨国公司向发达国家发起的产业转移。具体形式有在发达国家成立技术研发中心，从当地募集高水平的科研人员组建研究团队；向发达国家的本土知名企业发出收购要约，全盘接收后者的专利、品牌和营销渠道等。

随着世界500强名单里中国企业数量的增加，目前国内家电业、通讯业和工程机械业等少数行业正在加快推动面向欧美发达国家的逆向转移，而其中发挥关键作用的就是上述行业里的龙头企业，如家电业的海尔和海信、通讯业的华为和中兴、工程机械业的三一重工和中联重科等。这几家企业经过多年的发展，积累了比较丰富的海外投资经验，本身的研发能力也属于国内同行的佼佼者。因此，通过跨国并购和组建海外研发中心，可以让企业的技术创新和产品设计进入"快车道"，进一步缩小与国际顶尖水平的差距。当然如果期望借助收购来获取行业最前沿的技术也是不切实际的，最终只有通过自主研发才能提高企业的核心竞争力。

第三章

大规模地向东南亚整体搬迁的中国纺织业

当前我国是全球规模最大的纺织品服装生产、出口和消费国。2014年，中国纤维加工总量占世界的比重超过50%，纺织品服装出口额占世界的比重接近37.4%。近年来随着国内外经济环境的改变，我国纺织行业不仅生产规模、出口数量和投资总额等统计数据出现增速下滑①，主要出口市场份额下降也很明显，甚至部分海外订单开始撤离中国。为了应对上述变化，国内越来越多的纺织企业在境外地投资建厂，而越南正在成为中国企业海外投资的重要目的地之一。通过转移新增产能，借助采购、生产和销售的全球化，国内企业的经营效益大大改善。

一、双重因素促使国内纺织业"走出去"

2014年，我国制造业对外直接投资达193.3亿美元，远远超过同期吸引外商直接投资的金额。截至2014年底，国内纺织业已在全球

---

① 2015年上半年，我国纺织品服装出口价格下降1.45%，出口数量下降1.48%，近年来首次出现负增长。

100 多个国家和地区投资建立超过 2600 家纺织服装生产、贸易和产品设计企业，其中大多数分布在亚洲。2004 年至今，国内约 200 家服装企业在东南亚建设了生产车间。

国内纺织企业启动大规模地海外投资主要受贸易和成本两方面因素影响。

（一）贸易因素

贸易因素方面，部分企业是为了应对欧美等国的某些贸易保护措施。如申洲针织集团早在 2005 年就在柬埔寨投资建厂，突破产品"原产地"的限制，避免遭遇反倾销或"特保"的可能。部分企业是为了规避贸易壁垒。如天虹纺织集团在土耳其和乌拉圭两国投产，在当地直接组织生产并完成销售，从而节省上述两国海关设置的 30% 高额关税。还有部分企业是为了享受特殊的贸易政策。如 2011 年欧盟宣布对全球最不发达的国家实行普惠制，很多东南亚国家都"榜上有名"。如果从我国出口服装到欧洲需缴纳 12% 的关税，而从上述国家出口则可享受免税的优惠，由此吸引了国内很多纺织企业赴东南亚投资建厂。

（二）成本因素

除了贸易因素，综合成本也是制约企业日常经营的重要因素，具体包括四个方面。

（1）人工成本

以纺织产业集群江苏、浙江、福建制造业就业人员年均工资涨幅为例，2010～2013 年三地该数据高达 18%、16%、17%；除工资的自然增长外，福利开支中的企业福利（职工的食宿、休闲娱乐等开支）也因人口就业结构改变而明显攀升。与此同时，职业教育的滞后导致纺织业所需熟练工人供不应求，于是劳动力成本上升和招工难变成现实。

（2）土地成本

国内大多数纺织企业都集中在东部省份，随着订单增加导致产能扩大，新建厂房成为必然。然而当前我国东部地区土地价格飞涨，已超出了企业能承受的范围。

（3）原材料成本

主要指用棉成本，它占据了纺织企业生产成本中的最大比例。从2011年起，为了提高农民的收入，我国采取了大规模收购国产棉花同时对进口棉花实施配额限制并征收高达40%关税的方式，导致高品质的棉花供给严重不足，国内棉价连续三年高于国际市场30%以上，直接助推了我国纺织企业生产成本的大幅上涨。

（4）其他成本

①税负成本。根据来自纺织企业的粗略计算，以一件普通的、市场价不足100元的衣服为例，包括国税、地方教育附加、社保和水利基金在内的税负多达27.44%，这还不包括企业经常面临的各种行政事业性收费。

②环保成本。目前我国节能减排的形势日益严峻，新版《环境保护法》强化了企业的环保责任，提升了企业的环境成本。

③能源成本。纺织业生产对电的需求较大，因此用电成本也是企业成本核算的重点内容，而目前国内电价偏高也是不争的事实。

二、越南正在成为国内纺织企业对外投资重要目的地

在国内纺织业热衷投资的东南亚地区，越南由于其自身特点，正

在成为纺织企业对外投资的重要目的地。越南的优势具体包括以下四个方面。

（一）充足的劳动力资源

当前越南国内总人口约 9000 万，其中适龄就业人口约 5000 万，市场潜力巨大。而且越南女性劳动力多于男性的现状，可满足纺织企业更青睐女性员工的需求。尽管过去几年越南工人工资出现了快速上涨，但与我国国内每月 500～600 美元的工资水平相比，当地每月 200 美元的人均工资仍然偏低。

（二）长期、持续、优惠的招商政策

越南政府在企业所得税和土地租金等方面做出了大幅度让步。如"四免九减半"政策（之前是"三免七减半"），即外国企业只要满足员工总数达到 5000 人、投资规模突破 3 亿美元这两个条件，就可从首个获利年度起 3 年之内免缴企业所得税，之后 9 年企业所得税减半缴纳。该优惠条件远远超过了我国目前给予外商投资企业"两免三减半"待遇。而且中资企业在越南不需要缴纳类似于城建税、教育税等其他税种，大大降低了税负成本。

（三）特殊的区位优势

越南于 2006 年底加入了世界贸易组织（WTO），它是中国—东盟自贸区成员，近期致力于《自由贸易协定》（FTA）和《跨太平洋战略经济伙伴协定》（TPP）的谈判。2015 年 10 月初，包括美国、日本和越南在内的 12 国就 TPP 达成基本协议，同意进行自由贸易，这意味着未来越南对美国出口纺织品和服装将实行零关税，必将刺激越南国

内纺织产能和毛利率提升，所以国内许多纺织企业提前来越南布局，为未来分享政策红利做准备。

（四）其他因素

例如水费在中国每吨是 3.5 元，而在越南是 2.4 元，成本降低了 31%；电费在中国每度是 0.65 元，而在越南是 0.39 元，成本降低了 40%；越南的用地成本仅为国内的 20% 左右，企业还能以每吨比国内便宜 3000 ~ 4000 元的价格进口质量更好的美棉和澳棉。此外，与孟加拉国、柬埔寨和印尼等其他东南亚国家相比，越南国内政治环境相对稳定，政府鼓励开放、吸引外资的态度更加坚定，基础设施和法制建设日益完善，本土纺织行业实力较弱，劳动力素质相对较高也是吸引我国纺织企业投资建厂的重要原因。

三、国内纺织企业在越南经营中的探索

当前越南聚集了来自中国、韩国、日本和法国等多个国家的纺织企业。尽管外商企业数量偏少，但是占据了越南每年纺织服装60%的出口额，其中中资企业贡献较大。同奈省是越南吸引外资最多、工业发展最快的地区，截至 2015 年第一季度末，该省 31 个工业园区共有超过 1000 个外商直接投资项目，吸引外资约 177 亿美元，天虹、百隆和申洲等多家国内纺织业的龙头企业在此建厂。

上述中资企业在越南的生产经营具有以下四点重要特征。

（一）越南子公司生产线属于国内纺织企业的新增产能

目前实施"走出去"战略的纺织企业基本没有缩减国内原有

产能。

一方面，新增产能对外转移某种程度上是为满足海外客户的需求。如申洲国际集团是一家针织服装代客原件制造商（OEM），其主要客户有阿迪达斯（Adidas）、耐克（Nike）和优衣库（Uniqlo）等知名品牌。近年来上述品牌逐渐将过去全部由中国大陆供货的订单分拆成内地和海外各一半，为维持与大客户长期合作关系，企业被迫随订单转移新增产能。

另一方面，新增产能对外转移并未降低对中国市场的依赖。很多在越南投资的中资纺织企业，如天虹集团，其大部分棉纱都会回销中国，反映出内地消费市场的潜力仍待提高。

（二）越南子公司的整体技术水平高于国内母公司

在越南投资的中资纺织企业大多在国内 A 股上市，实力雄厚、资金充裕，所以以绿地投资为主，在投资规模和设计产能方面远胜过韩、日等国同行。另一方面，由于越南政府对于生产重点机械产品和服务于投资生产重点机械产品项目而进口的设备和物资实行零关税，所以中资企业纷纷从欧洲进口国际上最先进的设备生产线，通过提高机械化程度来降低越南劳动力素质不高对生产的影响。

（三）纺织业对外转移时体现"产业链整体搬迁"特征

例如百隆东方来越南投资建厂后不久，位于产业链下游的申洲国际、山东鲁泰和台湾国平等面料和纺织企业也相继转移至此。

出现上述现象的原因主要有两点。一是越南纺织业整体实力不强，全产业链布局不均衡，以成衣制造为主，能为中资企业提供产业配套的本土企业不足。二是美国在 TPP 中坚决主张"纱线优先"

（yarn-forward）的原产地原则，即要求以零关税进入美国市场的纺织品服装，原料上从纱线到布料的生产、加工上从裁剪到缝制的过程均必须在 TPP 成员国境内完成，这也成为我国大批纺织企业向越南转移的重要因素。

目前天虹集团已在越南北部广宁省投资兴建了一个占地面积 3300 公顷的大型工业园，园区主要规划产业有纤维、纺纱、织造、印染以及机械制造等。雅戈尔集团也计划投资十亿级别的越南工业园项目，将面料等产能投放到该园区内。未来在上述工业园区内将会形成全部由中资企业构建的完整的产业链，既能满足 TPP 的相关规定，还能极大地提高我国纺织行业的整体盈利水平。

（四）在越南的中资纺织企业普遍重视本土化经营

调研发现，越南的中资纺织企业里本土化程度很高，绝大多数员工都来自于当地招聘。同时，适度提高管理层中越南籍员工的比例也已成为各家中资企业的普遍做法。例如在天虹仁泽公司①里，从生产车间小组长到公司管理班子成员都能看到越南员工的身影，公司管理效率也得到很大提高。此外，中资企业薪水比本土企业稍高，公司还给当地员工配置职工宿舍、食堂以及免费医疗等福利，所以越南籍员工普遍很重视这份工作。

【专栏 3 - 1】　　　国内重要纺织企业海外投资简介

回顾历次全球产业转移，纺织业由于对原材料和劳动力过分依赖，往往最早被列入应当对外转移的产业名单。进入 21 世纪以来，

---

① 天虹集团在越南同奈省仁泽工业园成立的子公司。

中国纺织企业基于降低生产成本和规避贸易壁垒等多重因素考虑，主动实施大规模的海外投资，先后涉足东南亚、南亚、北非、南美和欧美等重点国家和地区，以下选择其中部分重要企业进行简述。

1. 申洲国际在柬埔寨、越南投资建厂

申洲国际（全称是"申洲国际集团控股有限公司"，2005年11月在香港联交所上市，股票代码2313）是中国最大的纵向一体化针织服装代工企业。公司创立于1988年，早在2004年就已成为我国最大的针织服装出口企业。长期以来，公司主要为阿迪达斯、美洲狮和耐克等国际知名的服装品牌提供代工，不过近年来开始尝试开发自主品牌，例如maxwin。2014年出口业务对公司总收入的贡献接近80%。

申洲国际的海外投资之路开始于2005年上市之后，主要动机来自大客户的压力。一是为了规避欧美等国针对中国企业的出口配额限制，二是希望获得东南亚国家出口欧盟享受的优惠政策。此外，通过全球布局分散大客户的采购风险、对冲美元汇率变动带来的财务风险也是引导申洲国际"走出去"的重要因素。

经过积累海外经营的经验，2012年公司管理层做出了追加在柬埔寨投资（4000万美元）的决定，并超过7年前初始投资的规模（3000万美元）。2013年，公司做出了赴越南投资建厂的决定，投资规模近3亿美元，计划将越南打造成公司第一个兼具面料和成衣生产的全产业链海外基地。工厂建成后，公司总产能中约40%将交由越南提供。

2. 尼罗纺织集团布局埃及自由贸易区

尼罗纺织集团是2000年时由上海大龙制衣公司和江苏舜天集团合资在埃及塞得港自由区注册组建的，其成立初衷是为了缓解当时每

年由于纺织服装产品的大量出口造成的与美国和欧盟之间的反倾销调查。另一方面，埃及特殊的地理位置也是吸引国内企业投资建厂的重要因素。该国地处北非、欧洲和中东间的交通要道，和欧美主要市场的空间距离更近。

公司初始投资 250 万美元，服装产品全部出口至美国，当地员工占全体员工的 80% 以上，基本实现了"本地化"生产，为其他中国企业树立了榜样，也为国内纺织企业在北非的投资积累了经验。

3. 浙江科尔集团远赴美国投资

2013 年年底，浙江科尔集团宣布投资 2.1 亿美元远赴美国南卡罗来纳州开设海外工厂的消息曾在国内纺织行业内引起一片哗然。这是中国纺织企业在美设立的首家制造工厂，极大地颠覆了国人对发达国家劳动力成本太高、只适合建设研发中心的论断。

事实上，科尔集团管理层认真分析后指出，尽管美国的劳动力成本远高于中国，然而一方面这里是成熟的市场经济国家，相关政策比较稳定，融资渠道较广，有助于降低投资风险；另一方面，南卡罗来纳州是美国纺织业中心，拥有大批熟练的纺织技术工人，且产业链完整；而且当地物流成本、能源成本（工业用电）和棉花采购成本都低于国内，在一定程度上弥补了劳动力成本的支出。尽管眼下还不能对科尔集团的投资决策做出评价，但它至少为国内同行企业提供了新的投资方向。

4. 天虹纺织选择乌拉圭和土耳其建厂

天虹纺织集团是全球最大的包芯棉纺织品供应商，专门致力于高附加值时尚棉纺品的制造与销售，2004 年年底在香港联交所上市。2006 年，公司在越南同奈省建立海外第一个生产基地，并于 7 年后追加投资。

　　2013 年 5 月，为了更加及时地应对市场需求，公司先后做出在土耳其和乌拉圭投资建厂的决定，此举主要是分别针对欧洲和美国市场。土耳其早在 1996 年就成为欧盟的关税同盟国家，出口到欧盟的工业产品不受配额限制且免征关税；而投资乌拉圭有助于规避美洲地区严重的贸易壁垒，这是吸引公司投资 4 亿人民币的重要原因。

四、关于国内纺织业"走出去"的几点思考

　　部分媒体曾认为纺织服装业科技含量不高、创新空间有限、盈利能力较差，是"夕阳产业"的代表。然而，优衣库董事长蝉联日本首富以及 ZARA 创始人成为新晋世界首富的事实却揭示当前我国纺织业盈利潜力还有巨大的提升空间。为实现纺织业大国向纺织业强国的转变，应当尽快借助新理念、新技术和新模式对国内纺织业进行改造，以"转移"促"转型"，从而提高行业竞争力。

（一）把握经济发展规律，及早做好充分准备

　　回顾欧美日发达国家的发展历程不难发现，成本倒逼推动产业转移是一种正常的经济现象。随着我国各地区对高技术产业的日益重视，纺织服装业等传统劳动密集型产业的生存空间正在缩小，因此通过产业转移有效配置资源、开拓市场，将生产加工环节有选择性地迁移到成本较低或靠近终端市场的地区，母公司则加大对新产品设计、研发和营销等环节的投入，向"微笑曲线"两端攀升，是推动产业升级的有效途径。

　　尽管部分前期赴境外投资的纺织企业已经为国内同行建立了成功

案例，积累了宝贵经验，然而，如果缺乏充分准备，忽视企业风险管控，产业对外转移失败的概率仍然较大。

企业需为"走出去"所做的准备主要包括两点。

一是投资目标国的尽职调查和可行性分析。不仅包括劳动生产率、产业链配套以及水电成本等因素，还必须充分了解当地的法律制度、文化风俗和政治环境等因素，以此做出综合评判。如浙江科尔集团投资 2.18 亿元在美国南卡罗莱纳建立了生产基地，尽管当地用工成本是中国的三倍以上，但可以通过在棉花原材料低廉、棉纺织耗电少等方面找补回来，同时利用当地发达的物流业还可大大降低棉花仓储成本。

二是境外投资的人才储备。拥有一批外语娴熟、业务过硬、懂得管理的高素质人才是企业"走出去"的重要保障，尤其是懂得管理的技能在与东道国政府部门日常沟通和协调母公司的决策安排方面显得非常重要。

另一方面，并非所有的国内企业都适合"走出去"。如我国最大的棉纺企业魏桥纺织集团始终坚持把生产基地留在鲁北平原，多年来依靠产业链整合和员工激励等有效手段，同样获得了较高的利润率。

(二) 辩证认识贸易规则，积极应对形势变化

在经济全球化高度发展的今天，一国的行业只有充分参与国际分工、合作和竞争，加快企业的国际化进程，才有更多机会提升在全球价值链中的地位。当前我国纺织业发展面临着既有来自国内的成本激增、融资受阻和出口放缓等压力，也有来自发展中国家订单分流和欧美市场高额关税壁垒的"双重挤压"。因此，加快推动有实力的企业"走出去"、实现产业对外转移应在我国纺织行业内形成共识。

鼓励行业龙头企业与东道国政府加强工业园的合作建设，避免单打独斗，以此带动国内承担产业配套的中小企业"借船出海"，形成抱团和规模效应，以提高产业对外转移的成功率，这也是台湾企业在对外转移中总结出的成功经验。截至目前，先后有越美集团（尼日利亚）、天虹集团（越南）和红豆集团（柬埔寨）等实力较强的企业在海外建立起了多个纺织工业园，这为国内其他纺织企业实施"走出去"战略降低了风险。

在产业对外转移过程中，企业还应当及时掌握市场信息，辩证认识国际贸易规则。如 TPP 协议的生效会在短期内给我国带来贸易转移效应，受关税降低及原产地原则的影响，美国和日本今后更倾向于从 TPP 成员国进口，从而使我国遭受贸易转移的损失。与此同时，TPP 协议中不仅提高了知识产权的标准，还增设了劳工和环境条款，并与贸易相挂钩，它们今后都可能成为发达国家对非 TPP 成员的发展中国家实施贸易制裁的途径。但是也应看到，TPP 的高标准和新规则代表了经济全球化的方向，国内企业只有提前准备、积极应对，才能在未来的竞争中不落下风，通过整合境内外的设计研发、品牌和渠道资源，逐步向全球价值链的高端攀升，实现生产和销售在全球的合理布局。

（三）抓住技术革命契机，借助转移促进转型

在中国经济进入新常态的今天，以信息技术为代表的新一轮技术革命为传统制造业的转型提供了机会。我国纺织行业的发展应与时俱进，借助全球产业转移的契机，依靠新理念、新材料和新工艺推动产业升级。

当前"互联网＋"的理念正在深刻影响制造业各个门类，它扩大了创新主体的范围，从单个企业拓展到多个企业组成的产业联盟，它

能通过数字化控制实现机器对人的取代，同时还大幅度提升劳动效率。国内很多纺织企业由于受现有生产机器还没完成预计使用年限、尚未收回投资成本所困扰，迟迟不愿彻底更换生产效率更高的机械设备，如今产业对外转移恰好提供良机。转移到发展中国家的纺织企业可以用较低的关税价格进口更先进的生产设备，通过分步骤建设智能制造生产线和数字化工厂、整合产业链的各个环节实现智能化管理，不仅能缓解东道国技术人员短缺对生产的影响，还能适应下游快消品牌发展趋势，满足客户个性化、差异化的小额订单需求，扩大潜在的消费市场。

"绿色制造"的理念也同样影响国内纺织业未来的发展方向。过去纺织业常被视为"高耗能、高污染"的代表，许多企业为了增加盈利不愿在环保方面过多投入。2015年1月1日起，新版《环境保护法》开始实施，提高了环保要求，加大了对违法排污企业的处罚力度。事实上，重视环境保护、实现绿色制造正在成为各国政府的共识。如经济发展水平尚不如我国的越南政府就对所有外来企业提出了硬性要求，即污水处理系统必须达到 A 级水平，否则项目申请不予批准。因此，通过鼓励企业"走出去"，倒逼国内行业转型正逐步变成现实。另一方面，采用先进的节能装备和技术，减少污染物的排放数量，降低生产中的水耗和能耗，将绿色制造贯穿于整个生产过程也有助于增加纺织产品的附加值，突破欧盟基于环保标准设置的非关税壁垒，从而最终提高企业的盈利水平。

第四章

新常态下面临产业结构重组的中国制鞋业

中国制鞋业的历史可以上溯到两千多年以前。经过时代变迁和市场竞争，当前全球制鞋业产业格局基本形成，欧洲、美国和日本等发达国家依靠强大的品牌运营能力和连锁管理模式，牢牢占据款式设计和成品销售环节，集中精力从事研发和物流等现代服务业。亚洲和美洲等制鞋大国承接发达国家的订单，依靠当地劳动力完成从原料到成品的制作。在这个过程中，有部分企业依靠资本和技术的积累，逐渐完成从 OEM（原始设备制造商）向 ODM（原始设计制造商）转型，还有极少数升级到 OBM（原始品牌制造商）阶段，从而获得更多利润，也提高了承接订单时的话语权。

过去我国因为承接国际产业转移，成长为全球制鞋大国，如今也面临因成本升高导致企业外迁的威胁。如何正确处理新常态下制鞋业产业结构的变化，加快劳动密集型产业转型，本书试图通过研究给出初步的答案。

一、当前我国制鞋业对外转移的特征

作为传统的劳动密集型产业，随着我国"刘易斯拐点"的来临，人口红利时代即将结束，制鞋业对外转移成为必然。

（一）全球制鞋业的跨区域转移始终没有停止

通常制鞋业的发展会受到土地资源、劳动力成本、原材料供应、环境保护以及销售市场等多方面因素的影响和制约，尤其是其中制造环节的分布，往往偏离产品的主要消费市场。前者主要受生产成本特别是人力成本所控制。尽管当前制造业的发展中广泛提倡机械化和智能化生产，并鼓励用机器代替人，然而鞋业生产过程中能够实现自动化的工序并不多，而且市场上真正的高档鞋类制品往往更强调手工缝制，因此该行业的制作工艺决定了需要大量人力投入。

过去50年的时间里，全球制鞋业至少已经发生了两次大规模的跨区域转移，第一次发生于20世纪60~70年代，第二次发生于20世纪80~90年代。

第一次转移：从世界制鞋中心欧洲向"亚洲四小龙"转移

20世纪中期以前，欧洲的意大利、西班牙和葡萄牙等国曾被视为世界制鞋中心，这里汇聚全球顶尖的鞋类设计师和大批的制鞋产业工人。不过在20世纪60年代，随着当地产业工人工资水平提高，美国制鞋业批量化生产导致行业竞争加剧，欧洲企业的利润逐渐摊薄，于是向人力成本相对低廉的新兴国家和地区转移成为潮流。当时"亚洲四小龙"正凭借经济腾飞引起了全球瞩目，大力发展加工贸易、扩大产品出口是日本、韩国、中国台湾和香港等地的普遍做法，因此欧洲和美国的制鞋企业选择上述地区成立生产基地，将本土的先进流水线设备搬迁到此，并选派高级技师指导当地工人生产。在此轮转移完成后，欧美市场上销售的鞋类产品绝大多数都来自于海外基地的生产，本土制造的比重直线下滑。以美国国内市场上的皮鞋为例，1976 年每 100 双中大约有 53 双是本土工厂生产，20 年后该数值已下降至 1.5 双。

第二次转移：从"亚洲四小龙"向中国大陆沿海地区转移

20 世纪 80 年代末，随着"亚洲四小龙"逐步完成资本原始积累，开始朝着技术和资本密集型方向转型时，近邻的依靠实施"改革开放"政策实现了经济快速增长的中国大陆地区正在加快招商引资的脚步。尤其是东部沿海省市，既有便利的交通运输条件又有优惠的投资政策，与日本和韩国相比，这里的土地劳动力成本更低廉、产业资源更丰富、投资环境更完善，因此成为全球制鞋业转移的下一站。20 世纪 90 年代，大批台湾制鞋企业纷纷来大陆建厂，集中在珠三角地区，特别以广东的东莞居多，甚至后来产业发展鼎盛时，东莞曾有"世界鞋都"美誉。1996 年，中国已成为世界鞋类产品生产和出口的第一大国，之后大体保持了 10% ~ 20% 的年均增速，始终占据着全球最大的鞋业生产国的位置。

2008 年金融危机爆发后，随着我国新《劳动合同法》的颁布，劳动力成本上升导致"招工难"的现象频频出现，而且逐步严格的环保标准制约了制鞋业上游制革业的成长空间，因此新一轮制鞋业跨区域转移开始上演。这是由市场规律决定的，即使中国拥有最庞大的内销市场依然也无法改变这种趋势。

（二）东南亚各国成为新一轮转移的主要受益者

统计表明，包括中国在内的亚洲各国为全球市场提供了超过 85%

的鞋类产品，成为了全球制鞋业的中心。然而过去10年里中国制鞋业工人的平均工资上涨了约3.5倍，人民币对美元汇率的中间价累计升值幅度超过20%，加上生产用水、用电和土地厂房租金的提高，近年来我国东部沿海地区制鞋企业的利润率下降得比较厉害。

与此形成对照，东南亚地区的劳动力成本优势更加明显。以工资支出为例，当前我国东部地区普通工人的月工资大约是500美元，熟练工人可能达到600~650美元，而印尼工人的月工资仅为300美元，越南为250美元，柬埔寨更低，大约100美元。此外，2013年以来，东部各省市要求企业落实工人"五险一金"的缴纳情况，并提出了全覆盖的目标，这进一步增加了企业的用工成本。根据粗略计算，用工成本约占制鞋业生产成本的30%，严峻的形势促使企业对外转移。

事实上，除了成本优势，特殊的贸易政策优势也是吸引制鞋企业转移的重要因素。如欧洲、美国和日本都对缅甸进口的鞋子有免税政策，而越南通过TPP则可以在成员国内部享受78%~95%的税目产品零关税优惠。

另一方面，目前美国、日本和德国占据了世界鞋类产品进口量前三甲，它们贡献了全球总进口量的一半份额，同时还把持着制鞋业产业链上的设计和销售环节，对产业布局具有较强的话语权。因此，一旦耐克和阿迪等大客户提出将内地的生产线向制造成本更低的境外转移，并以取消订单相威胁，国内制鞋企业往往会认真考虑。目前东南亚鞋业已抢走中国约30%的订单，未来订单"东南飞"的情况可能还会加剧。

其实，除了东南亚地区，本轮制鞋业产业转移的目的地还包括墨西哥、巴西等美洲国家和埃塞俄比亚等非洲国家。2012年，中国最大的女鞋制造企业华坚集团远赴埃塞俄比亚投资建厂，为国内制鞋企业对外转移探索新路。截至 2015 年 9 月，华坚集团已建成 6 条现代化制鞋生产线，工厂 95% 的员工是本地人。2013 年工厂出口 115 万双鞋，出口额 1626 万美元。

（三）台资企业在本轮产业转移中表现突出

在国内的四大制鞋基地（广东、福建、浙江和成渝）里，外资企业主要集中在广东，其他三个基地里还是以本土企业居多。而在珠三角外资制鞋企业中，台资企业不论企业数量还是生产规模，都相对较大。随着 20 世纪 90 年代初的产业转移，台湾大部分制鞋企业都将生产线转到大陆，极少部分去了越南和印尼等东南亚国家。如今，在新一轮产业转移开始后，台资企业又一次成为主力。

来自东莞台商协会的数据统计，与金融危机之前相比，目前当地台商人数减少了 1/4 至 1/3，正常经营的台资企业从最高峰的 6000 余家缩减为 4000 余家。缩减原因包括停业、破产和搬迁等。

被誉为"台湾制鞋三雄"的宝成工业、丰泰企业及 F－钰齐在本轮产业转移中表现比较突出，2012 年起陆续将大陆公司的产能向印度、越南、印尼和缅甸等国转移。2015 年越南已经取代中国大陆成为上述三家制鞋企业最大的生产基地，对各家公司总产能的贡献度分别达到 42%、53% 和 38%。与此同时，鉴于这三家企业在制鞋行业里的影响力，它们的外迁举动带动了相当数量的配套企业和供应链企业共同转移，如绿洲、绿扬和力凯等台资鞋厂也加入其中。

（四）当前制鞋业"北上"和"南下"同步进行

产业的跨区域对企业实力的要求很高，尤其向境外转移。不仅涉及对转入国投资、贸易、税务和社保政策的了解，还面临文化差异对管理制度的冲击等挑战。因此，向国内中西部地区转移也是东部沿海制鞋企业的重要选择。

金融危机后，制鞋业向中西部转移的脚步明显加快。根据亚洲鞋业协会统计的数据，珠三角地区制鞋企业中向国内中西部转移的约占一半，往东南亚转移的约占1/3。其中湖南、江西、广西、河南、四川和重庆等省市成为主要的产业承接地区。例如台资企业大力卜集团在逐步压缩东莞产能的同时，选择去湖南投资3.2亿元建设新增产能。项目投产后计划年产休闲鞋1000万双以上，出口创汇超过1.5亿美元；而通过承接"东鞋西移"，已有30家制鞋企业和250多家配套商落户重庆璧山区，帮助后者加快"中国西部鞋都"的建设目标。

二、正确认识制鞋业对外转移的影响

在上一轮全球产业转移浪潮中，劳动力成本优势曾经是中国打败其他新兴国家，成功吸引"亚洲四小龙"企业来华投资建厂的重要因素。不过当前中国已经进入工业化后期，人均GDP超过8000美元，成功跻身中等收入国家的行列，因此人工成本上涨、环保压力加大、后发优势减弱也会随之而来。就制鞋业而言，随着大陆地区工资的快速上涨，加工生产环节一定会向海外迁移，不过是早走还是晚走的区别（林毅夫，2010）。

（一）对外转移有助于产业结构调整

尽管由于部分企业的出走，我国制鞋业年产值增长已经放缓，运营指数也有所下降（2015年的数值低于90，处于较冷的指数区间），但是这也给行业结构调整创造了条件。作为劳动密集型产业，制鞋业进入门槛低，产品同质化严重，严重依赖海外订单，行业利润不高，造成过去中小企业不愿花精力进行样式设计、引进先进生产线以提高制造水平，只图以量取胜。因此一旦经济形势不佳，这类企业往往首先倒下，行业也会迎来洗牌的机会。统计显示，2015年珠三角地区倒闭的制鞋企业里，90%以上都属于规模以下企业，与此同时当年规模以上企业面临订单饱和的状况却很普遍。这反映出制鞋业正呈现出订单集中化的趋势，缺乏竞争力的中小企业会被加速淘汰出局。

另一方面，2014年年底，国务院发布《关于加快发展体育促进体育消费的若干意见》，提出将全民健身上升为国家战略，把体育产业作为朝阳产业扶持，之后各省出台的体育产业总规模目标之和接近7万亿元。在如此重大利好政策的鼓舞下，2015年361度、安踏和匹克等国内运动鞋生产的品牌企业在营业额及订单量上均出现了较明显的增长。

可以预见，自动化生产线逐步推广、订单向大企业汇集、行业集中度升高将会是未来制鞋业发展趋势，这有助于提高生产资料的使用效率，改善行业的盈利状况，促进研发投入。

（二）对外转移没有造成国内"产业空心化"

20世纪80年代末，"广场协议"后日元汇率大幅升值，为本国企业海外投资创造了良好条件。大批日本家电和机电企业将生产基地搬迁到海外，只把研发和营销等服务业部门留在国内，造成"产业空心化"。金融危机的爆发引发了日本国内反思，日本政府出台诸多政策鼓励海外生产企业回迁。

然而，尽管目前我国制鞋业也出现一定程度的外迁趋势，但是肯定不会导致国内"产业空心化"。从统计数据上看，我国已经成为名副其实的制鞋业生产大国、贸易大国和消费大国。2014 年，我国产鞋 145 亿双，超过当年全世界总量的一半；鞋类产品出口 538.4 亿美元，约占全球同类产品出口总量的 40%；国内市场共消费 38 亿双鞋，遥遥领先世界各国。

表 4 - 1　　　　　　　 2012～2014 年我国制鞋业总体发展情况

	2012 年	2013 年	2014 年
总资产（亿元）	2946.31	3331.79	3592.54
销售收入（亿元）	5719.8	6411.05	6899.6
利润总额（亿元）	357.69	393.21	423.06
利润总额增长率（%）	5.67	9.93	7.59
资产收益率（%）	12.14	12.70	11.78
亏损面（%）	8.67	8.80	8.06

资料来源：国家统计局数据库。

上表统计了 2012～2014 年期间我国制鞋行业的总体发展情况。从中可以看出，尽管存在劳动力成本上升、环保压力增大、部分企业外迁等不利因素，但是国内制鞋业整体发展良好。三年之内行业规模（总资产）扩大了 20%，销售收入增加了超过 1000 亿元，利润总额也实现平稳增长。2014 年，我国制鞋业规模以上企业中有 347 家出现亏损，仅占全部 4305 家企业总数的 8.06%，与国内许多制造行业相比，属于经营水平较好的一类。

尽管经济学理论指出劳动密集型产业会随着一个国家和地区工业化发展水平的演进而逐渐退出，但是一方面，我国庞大的人口规模决定了在未来很长的时间里发展劳动密集型产业对于解决居民就业有着重要的价值，另一方面，作为老百姓生活必需品，制鞋业永远不会被淘汰。我国目前不仅已拥有相对完善的上下游产业链，构建起各类鞋类生产的产业集群，还建立了完善的鞋业成品和鞋材市场以及鞋类的研发中心和资讯中心等。下一步在逐步降低代工比例的基础上，通过延长产业链、向"微笑曲线"两端扩展、加强产融结合，仍然可以提高制鞋业的竞争力。

（三）对外转移没有对国内出口造成影响

历史上，欧美日等发达国家在发生国内制造行业大规模对外转移后，都曾出现过出口规模缩减的现象，严重者导致贸易形势发生逆转，从顺差变逆差。不过到目前为止，我国制鞋企业的外迁暂没有影响对国内鞋产品的出口构成影响。

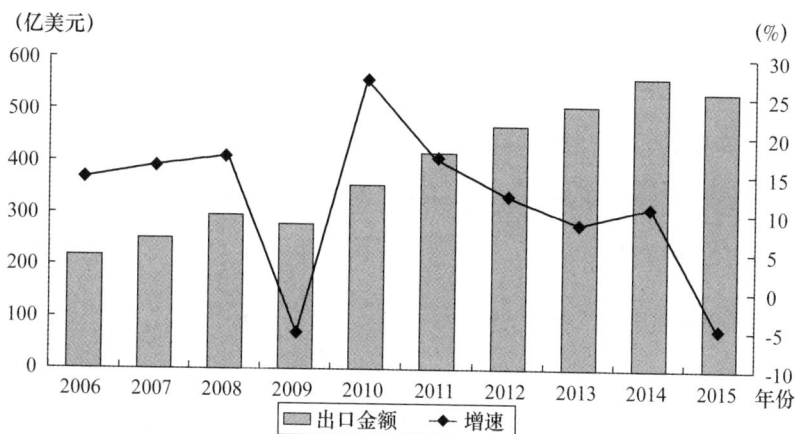

图 4 - 1 2006～2015 年我国鞋类产品出口金额和增速统计

资料来源：国家统计局数据库。

图 4 - 1 统计了过去 10 年时间里我国鞋类产品的出口情况，包括每年的出口金额和增长速度。从图中的数据可以看出，除 2009 年和 2015 年之外，我国鞋类产品出口规模基本保持平稳的上升势头，尤其是 2010 年之后，尽管珠三角的台资企业大幅削减在中国大陆的生产线，逐步提高东南亚地区的产能，但对我国的出口影响不大。虽然 2010～2014 年期间的出口增速有所下滑，但仍基本维持在 10% 以上。至于 2015 年出口金额和增速两个指标同时出现下降，则主要与全球贸

易形势的不景气有关。因为根据世贸组织统计，当年全球贸易出口额的降幅超过 10%，中国货物贸易出口也是多年来首次出现了负增长。在这种严峻的形势下，以生产运动鞋闻名的福建晋江制鞋企业出口却逆势增长。2015 年完成出口 20.1 亿美元，同比增长 13.52%，高于全行业约 18 个百分点。

(四) 制鞋业布局将在国内外之间形成新的平衡

正如上文所述，当前对外转移的制鞋企业只占我国制鞋企业总数的极少部分。与前两次大规模的跨区域转移不同，中国大陆不会照搬"亚洲四小龙"将制鞋业的生产、制造彻底搬迁到境外的做法，这是由两方面的原因决定的。

1. 产业转移承接地的综合条件有待提高

本轮制鞋业转移的主要目标是近邻越南、印度、印尼和缅甸等国。由于经济发展水平的差距，上述地区的劳动力成本的确低于中国大陆，而且向欧美出口可以享受低税率甚至零关税的优惠。然而与中国相比，当地也存在制约制鞋产业发展的硬伤，如当地技术工人的素质不高、生产效率较低、原材料本地配套能力不足、尚未形成高水平的产业集群以利于企业共享资源等。而政权不稳、频频发生罢工事件更是威胁企业正常经营的最大风险。如最大的台资制鞋企业宝能集团在不到一年的时间（2015 年 3 月、2016 年 2 月）里，连续遭遇了越南工人两次集体罢工。每次参与罢工的工人数量都上万，主要是针对越南政府修订的社保法和宝能集团颁布的管理制度。罢工事件频发严重影响了工作进度和订单安排，给企业造成了较大损失。同样基于上述风险考虑，华坚集团几年前就主动关闭了越南工厂，远赴非洲投资新项目。

2. 不断扩大的中国消费市场便于本土制鞋企业生存

表4-2 2009～2014年国内鞋类产品供需情况统计 单位：亿双

年 份	产 量	出口量	进口量	消费量
2009	113	81.7	0.3	31.6
2010	126	88.9	0.3	37.4
2011	128.9	93	0.4	36.3
2012	135.4	90	0.5	45.9
2013	142	98.3	0.5	44.2
2014	155	110.1	0.6	45.9

资料来源：国家统计局数据库。

表4-2统计了金融危机后中国国内鞋类产品的供需情况。从中可以看出，后危机时代在中央政府系列刺激内需政策的扶持下，中国内地的消费市场保持了快速增长。与2009年相比，2014年鞋类产品的进口量翻了一番，国内消费量增幅接近50%；与之相比，出口量仅增长约35%。这反映了未来内销市场相比海外市场还有很大的提升潜力。因此过去长期依赖海外订单的本土制鞋企业应转换观念，尽早建立面向国内消费者的营销渠道，加强大企业与中小企业间业务合作，加强生产配套、共享销售网络，提高产业集群的竞争力。

【专栏4-1】 国内四大制鞋产业基地简介

作为全球鞋类产品最大的生产国和出口国，我国目前制鞋业分布主要集中在四个区域：①广东鞋业基地，包括广州、东莞和惠东等地区，贡献了国内鞋类产品产量的40%；②福建鞋业基地，以莆田和泉州为代表，主要生产运动鞋，贡献了国内20%的鞋产品；③浙江鞋业基地，主要是温州和台州地区，在制作工艺上赶不上广东，对全国产量贡献率在15%左右；④西部鞋业基地，主要指成都和重庆两地，以生产女鞋为主，产量贡献率略低于浙江。四大基地的产量分布大致见图4-3。

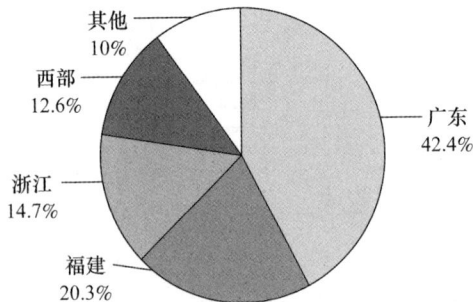

图4-3 国内四大制鞋基地的产量比重分布

资料来源：根据网上相关资料整理。

1. 广东

广东鞋业基地的诞生受益于制鞋业的全球转移，随着20世纪末台资制鞋企业在珠三角落户，这里很快成长为世界最大的鞋业生产基地。

东莞是广东鞋业基地的核心。据不完全统计，高峰时东莞聚集了超过1500家鞋业企业，同时还有2000余家的配套企业和1500家左右的贸易商和采购商。仅东莞一地就贡献了全球6成以上的高档鞋和1/4的运动鞋，包括Clarks、耐克、阿迪、锐步和彪马等。产业的集聚吸引了各类专业人员的汇集，金融危机爆发前，东莞的鞋业制造工人约200万，还有10万左右的国内外技术人员。与此同时，一批全球制鞋业的知名企业也分布于此，如裕元集团、华坚集团和兴昂集团等。

该基地的优势在于地处交通和资讯发达的珠三角地区，形成了完整的产业链，上下游配套方便；劣势是以"来料加工"为主，本土企业创新能力不足，外资企业贡献了6成左右的产品出口。一旦外贸形势逆转，产业对外转移，当地可能面临"空心化"的威胁。

2. 福建

作为"海上丝绸之路"的起点，泉州市下辖的晋江市已经成为中国最大的旅游运动鞋生产基地和世界重要的运动鞋生产基地。据不完全统计，全球每 12 个人就拥有 1 双晋江鞋。经过 30 多年的发展，晋江鞋业已完成从家庭作坊式小企业向现代化集团公司的升级。

当地先后诞生了安踏、匹克、361 度、鸿星尔克和特步等国内外知名运动品牌，其中多家企业已经完成上市。充裕的资金优势和现代化的企业治理理念，让晋江的制鞋企业更加重视技术研发和品牌建设。当地引进国内外先进流水线设备上千台，形成了著名的"鞋材一条街"，成为国内三大（广东东莞、浙江温州）重要制鞋业原辅材料市场。

该基地的优势是形成了国内唯一的产业链相对完整的体育运动产品产业基地，贡献了国内体育运动鞋类产品的 3/4。按照"品牌资本，两翼齐飞"的发展理念，当地企业从 OEM 起家，在品牌自主研发方面已经取得了较大成功。劣势在于当地大多数企业都源于家庭小作坊，发展壮大后也未完全摆脱家族式管理是影子。而且同质化竞争严重，中小企业间相互模仿盛行，制约了研发投入的动力。

3. 浙江

浙江的制鞋产业主要集聚在温州地区，当地拥有 800 多年的制鞋历史。目前生产的产品类型中以男士皮鞋为主、休闲鞋为辅，仅制鞋业对当地外贸出口的贡献就接近 3 成。已经形成了乐清白石（鞋底生产）、永嘉黄地（鞋饰生产）、平阳水头（猪皮加工）和瓯海瞿溪（牛皮加工）等多个专业生产基地，并诞生了奥康、康奈、红蜻蜓等知名鞋企。目前温州当地拥有 4 个中国名牌、9 个中国驰名商标，获得真皮标志佩挂商标的皮鞋企业超过 20 家，占全国皮鞋企业的30%，拥有完整的鞋革产业链，配套设施齐全。早在2001年，温州就被正式命名为"中国鞋都"。

不过当地同样也存在产品生产同质化、企业管理能力有待提高以及不重视品牌文化建设等劣势。10年前发生在海外的俄罗斯扣鞋事件和西班牙烧鞋事件都为温州的制鞋企业提了一个醒，在国际贸易中必须重视自主品牌建设，单纯靠价格优势是很难赢得市场的。

4. 西部

西部鞋业基地主要指成都的武侯区和重庆的璧山区。它们能够在全国鞋业生产中成为重要一极，既离不开当地的资源，但更多的还是受益于我国制鞋产业的"东鞋西移"。

成都武侯区有发展制鞋业的历史优势，早在100年前就集中了成都当地80%的制鞋作坊。2000年，成都提出了打造中国西部鞋都的目标。2006年，当地首次达到了年产皮鞋过亿双、产值超百亿的规模，并获得了中国皮革协会授予的"中国女鞋之都"的牌匾。而重庆璧山区通过承接东部制鞋产业转移，将制鞋业发展为当地经济的支柱产业。制鞋业为当地贡献了约1/3的GDP，吸纳了1/3的就业人数。总体而言，两地的制鞋企业以代工生产为主，与沿海产业相比规模较小，因此更适合从事小批量时尚产品的生产。

西部基地在生产成本方面比沿海地区有较大的优势，而且川、渝两地作为劳务输出大省，可以提供充足的劳动力，有效缓解了东部省市的"招工难"问题；不过该地区在专业人员的数量和质量上也存在明显的欠缺。

三、加快制鞋业产业转型的政策建议

（一）借助行业结构调整，提高生产制造水平

尽管近年来出现了国内部分制鞋企业将生产线向境外转移的趋势，可能会降低我国制鞋业生产和出口的数量，但也应看到上述行为对全行业发展的积极意义。国内制鞋业长期存在无序竞争、仿制产品、低价促销等现象，影响了企业正常经营，制约了行业创新力度。当前产业转移的出现可起到分化效果，部分不愿意和没能力从事中高档鞋生产的企业可以借此降低生产成本，而将国内市场留给那些经营实力更强、生产水平更高、研发投入更大的龙头企业。2015 年以来订单向大企业集中的现象就是最好的证明。

另一方面，随着人口红利时代结束，人工成本提高导致"招工难"现象更普遍。与改革开放初期不同，如今"85 后"和"90 后"为主的新生代非常看重工作环境和个人待遇，更愿意选择从事服务业而非相对辛苦的制造业。因此，提高自动化和智能化生产水平、逐步实现"机器换人"也是行业发展重要方向，这更需要大企业身体力行，为行业做出榜样。

（二）完善产业集群建设，引导制鞋业向内地转移

与东部沿海多数省份已经进入工业化后期相比，中西部地区还处于工业化中期的阶段，这就为区域间产业梯度转移提供了机会。中西部地区是我国传统的劳务输出大省，过去每年向珠三角和长三角输出数千万的农民工。如今伴随产业转移，他们不仅能实现在家乡就业，扣除生活成本后，净赚的也许还会更多，而且还能有效提高中西部的

城镇化水平。

所以，应当有选择地确立部分发展基础较好的省市承接东部制鞋企业的转移，避免"一拥而上"，形成恶性竞争。同时要重视配套企业的同步转移，尽快形成的新的制鞋产业集群，引导技术人才、设计人才、管理人才和行业资讯向新基地汇集，建立相对的完善产业链。此外，还必须避免产业转移中的"污染转移"问题。生产工艺决定制鞋业生产过程会排放一定数量的污染物，为此国务院 2010 年颁发的《关于推进大气污染联防联控工作改善区域空气质量指导意见的通知》里就明确指出制鞋等排放挥发性有机污染物的生产作业应当按照有关技术规范进行污染治理。过去发生过多起个别地区为了招商引资私自降低环保标准，将高污染企业引到当地造成恶劣影响的案例，因此各省环保厅应密切配合商务厅做好对外来投资企业的审查工作，不允许污染转移。

（三）重视企业品牌建设，提高行业盈利水平

我国早已经成为世界制鞋大国，但是离"制鞋强国"的目标还遥遥无期。国内产业不仅面临来自印度、巴西、越南和印尼等国在中低档鞋类方面的竞争，也受制于欧洲传统的制鞋中心意大利、西班牙和葡萄牙等国在高档鞋方面的打压，发展空间有限。而且截至目前，我国制鞋业尚未创造出一个世界知名品牌，行业里仍盛行以贴牌加工为主的生产方式，在国际交往中议价能力普遍不高，每年生产的鞋类中约90%为中低档产品，平均出口单价仅为 5.01 美元/双，利润微薄。

事实上，经过 30 多年的快速发展，我国制鞋业已具备较强实力向产业链上游进军，如晋江鞋业集群中诞生了一批通过代工完成转型的运动鞋企业，它们不仅贡献了全球运动鞋 20% 的产量，自营品牌的影响力也与日俱增，如匹克成为 NBA 官方市场合作伙伴、安踏成为中国

奥委会体育服装合作伙伴等。另外，国内女鞋龙头百丽集团旗下"百丽国际"在资本市场的股票市值仅次于耐克和阿迪达斯，位居全球制鞋业第三位。上述品牌都已具备成长为国际知名品牌的潜质，下一步需要企业和行业共同努力，加快提升它们的品牌影响力，以改善整个行业的利润水平。

（四）顺应"互联网＋"趋势，提高产品技术含量

美国、欧盟和日本构成了全球每年进口成品鞋的前三甲，美国居民人年均消费鞋品超过 7 双，欧盟和日本居民消费量也在 5 双以上。与之相比，作为一个拥有 13 亿人口的庞大消费市场，当前我国居民的人年均消费鞋品还不足 2 双，这意味着国内制鞋产业未来还有很大成长空间。事实上，随着国内居民生活水平的改善、收入能力的提高，对衣食住行的要求也与日俱增，对穿鞋品质的需求正在加大。然而，我国制鞋行业却面临低档鞋产能过剩、中高档鞋供给不足的矛盾。

近年来，电子商务不断推广和"互联网＋"理念深入人心，它们为我国制鞋行业转型提供了重要思路。

一方面，传统的实体店销售渠道应当与线上渠道保持通力合作，鼓励线下门店开展"体验营销"，科学安排实体门店的空间布局，逐渐减少员工数量，同时加快线上销售模式创新。可以综合借助第三方电商平台、自建电商平台和电商外包这三种电子商务模式完成产品销售，以达到及时搜集市场信息、加强与顾客互动、加快清理库存等目的。

另一方面，可借助当前体育产业快速发展的良机，加强对可穿戴设备的研发力度。如与互联网厂商合作，加快开发具有计步或定位功能的智能鞋。同时还可以结合老人、儿童和孕妇等特殊人群的个性化需求，有针对性地开发相应的产品，通过注入更高的技术含量，提高鞋类产品的附加值。

第五章

完善海外布局、实施品牌战略的中国家电业

回顾改革开放以来中国家电业的发展，跨国公司的在华投资和贴牌生产发挥了重要的作用。不过随着本土家电企业实力增强，它们又成为国内最早走出国门，践行国际化①道路的代表。通过海外投产布局、组建研发团队、并购知名品牌，中国家电企业为"中国制造"成功地探索出一条新路，其经验值得其他行业参考。

一、国内家电行业的发展特征和国际化历程

在国内主要制造行业中，家电业是公认的市场化和国际化程度较高的行业之一。经过改革开放至今三十多年的发展，以海尔、海信、创维、长虹、格力和TCL等民族品牌为代表的"中国制造"已经登上了世界舞台，同飞利浦、夏普、三星和索尼等欧美、日韩系家电企业同场竞技，丝毫不落下风。

在国内市场上，冰箱、彩电和空调等主要大宗家电产品市场份额

---

① 本文的"国际化"特指资本输出，在海外投资建厂，实现跨国经营。

的前三位始终被国产品牌占据；而在代表中、高端消费的欧美市场上，上述国产品牌销量也逐年提升，反映出中国家电制造业整体水平的进步。

（一）中国已发展为全球家电生产制造的第一大国

统计表明，截至 2014 年底，中国家电产业产值已达到 1.5 万亿元规模，中国企业承担了全球家电一半以上的产量。随着欧美家电企业战略转型①，逐渐淡出家电市场，该比例还会上升。中国作为全球家电生产制造大国的地位牢不可摧。

表 5－1　　　　2005～2014 年国内主要大家电商品产量统计　　　单位：万台

家电＼年份	2014	2013	2012	2011	2010	2009	2008	2007	2006	2005
彩　电	14128	12745	12823	12231	11830	9898	9187	8478	8375	8283
冰　箱	8796	9255	8427	8699	7295	5930	4799	4397	3530	2987
空　调	14463	13069	12398	13912	10887	8078	8147	8014	6849	6764
洗衣机	7114	7300	6791	6715	6247	4973	4447	4005	3560	3035

资料来源：国家统计局数据库。

表 5－1 统计了过去 10 年时间里，国内的彩电、冰箱、空调和洗衣机这四大主要家用电器的产量情况。数据反映：彩电曾经是四类电器中产量最多的商品，不过已逐渐被空调赶超；2010 年，房间空调器和彩色电视机两类产品的产量双双突破 1 亿台的关口，极可能 5 年后产量再增 50%；冰箱和洗衣机的产量尽管相对较少，但 10 年内也实现了翻番。

图 5－1 总结了四大类家电产品过去 10 年产量的增速变化，从图

---

① 2014 年西门子宣布退出家电领域，飞利浦宣布将在华电视业务出售给冠捷科技。

中可以看出：空调的增速波动幅度最大，最高值（34.78%）和最小值（-10.88%）的差距超过了45个百分点；工信部于2008年年底启动的为期四年的"家电下乡"政策对拉动内需效果显著，各类商品在政策实施当年的产量均出现一轮快速上升。不过政策效果的持续性有待商榷，例如政策实施后期的2012年还出现了空调和冰箱产量负增长。事实上，随着中国经济进入"新常态"，经济发展速度和城镇化速度已经持续降低，国内家电行业也亟须加快转型，植入先进的理念，扩展产品功能，为消费者提供更加舒适的服务。

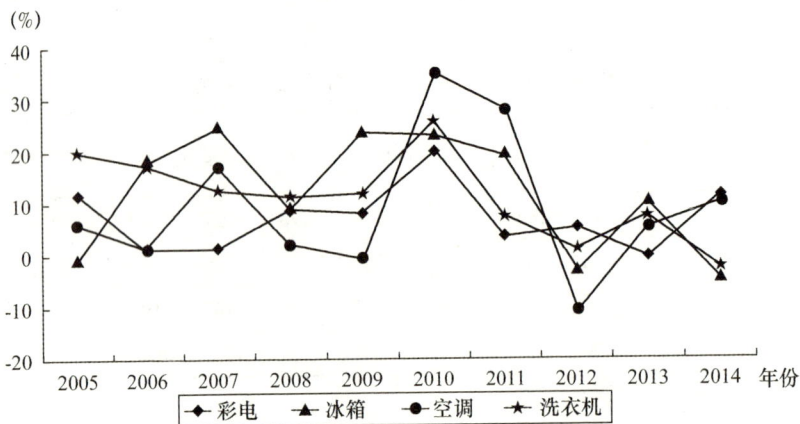

图5-1 2005～2014年国内主要大家电商品产量增速统计

资料来源：国家统计局数据库。

表5-2总结了2015年四类主要大宗家电商品的出口情况。当年除冰箱外，彩电、空调和洗衣机商品出口均呈负增长，且降幅都超过5%。区域方面，北美、欧洲和日本是三大主要出口市场，占据家电出口半壁江山。当年除北美市场保持正增长（0.4%），欧洲（-3.4%）和日本（-11.9%）市场均出现下滑。事实上，受全球经济形势低迷影响，拉丁美洲（-10.8%）和非洲（-8.4%）这类新兴市场的出口下降也很明显。

表 5 - 2　　　　　　　　2015 年国内主要大家电商品出口统计

类　别	金额（亿元）	同比（％）	数量（万台）	同比（％）	均价（元/台）	同比（％）
彩　电	777.2	-6.6	7184	-3.0	1081.9	-3.8
冰　箱	96.9	1.0	1912	0.9	506.8	0.1
空　调	579.5	-5.2	4140	-4.9	1399.6	-0.3
洗衣机	218.4	-6.0	2115	-4.9	1032.4	-1.1

资料来源：国家统计局数据库。

（二）我国家电业对外转移符合行业发展的趋势

家用电器是我国改革开放以来发展起来的新兴产业，也是吸引跨国公司投资较多的产业。20 世纪 80 年代起，全球所有著名的家电公司，以 GE、博世—西门子、飞利浦、惠尔浦、伊莱克斯为代表的欧美企业，和以三星、东芝、索尼、三洋和夏普为代表的日韩企业先后完成在中国内地的生产布局。家电业的跨国公司看中了中国潜力巨大的消费市场、充裕的高素质劳动力以及条件优惠的招商政策，它们成为我国家电出口的主力。2015 年，我国外商投资企业出口家电 1650.5 亿元，下降 7.9％，占总额的 59.6％。

另一方面，进入新世纪以来，国内家电企业随着自身实力的提高，在不断扩大产品出口的同时，也主动开启了海外投资的国际化道路。在投资动机上，有的企业为了降低制造成本，选择东南亚和非洲建厂；有的企业为了规避进口壁垒，选择墨西哥或土耳其、匈牙利等能享受北美或欧盟优惠进口政策的国家组织生产；还有的企业为了获取全球一流的研发资源，选择欧美先进国家成立产品研发中心。

事实上，在经济全球化的背景下，集中价值链上各环节最优质的资源、组织最有效的生产符合当前制造行业的发展趋势，也是引导我国家电企业"走出去"的重要理念。

（三）国内家电企业选择国际化道路持两种主要思路

家电业是国内最早参与境外投资建厂的行业之一。早在 1999 年 TCL 公司就在越南建厂生产彩色电视机，同年海尔公司在美国建厂生产电冰箱，这标志着家电企业开始走出国门，在境外组织生产。其实，上述两家企业对首条生产线的选择反映出国内家电企业国际化道路上的两种思路，即应"先易后难"还是"先难后易"。

TCL 公司之所以选择越南作为境外投资的首站，主要原因是长期以来该公司的出口产品都以 OEM（贴牌生产）为主，1997 年末发生席卷亚洲的金融危机，导致公司海外订单数量锐减。为了摆脱受制于人的局面，公司决定在海外自建销售渠道及自有品牌推广。而东南亚地区经济发展水平和劳动力成本低于我国，这是吸引国内厂商投资的重要原因。事实上，之后美的、康佳和长虹等企业也是基于相同考虑所以选择了赴东南亚建厂，这就是"先易后难"的思路。而格力和海信分别选择巴西和埃及投资建设海外第一条生产线则是根据"先有市场、后建工厂"的思路，选择上述新兴市场作为产品出口主要市场，一旦自有品牌被当地消费者普遍接受后便实现本地化生产，这是另一种"先易后难"的方式。

与之相对的是，作为国内家电业龙头，海尔公司选择了最初不被外界看好的"先难后易"的国际化道路，将境外投资建厂的第一站就选在了公认市场竞争最激烈的欧美市场。当然，这与海尔集团之前做了充分准备，以及企业具备的强大实力不无关系。统计发现，迄今为止选择复制海尔集团国际化道路的国内企业屈指可数。家电企业海外布局时基本保持谨慎态度，大体按照"周边国家—新兴国家—欧美国家"从低到高的层次选择海外投资，已取得了阶段性成功。

（四）我国家电行业的海外布局已经大体完成

如果以 1999 年 TCL 和海尔两家企业在境外投产第一条生产线作为起点，我国家电行业的国际化之路已走过 15 年。

表 5 - 3 总结了国内家电业 8 大龙头企业的海外经营情况。从表中可以发现，有 6 家企业早在 2003 年以前完成了第一条境外生产线的投产运营①。之后随着国际市场的拓展，国内家电企业逐步完成在亚洲、非洲、拉美和欧美地区的生产布局，从而实现了国内签约、就近供货的方式来完成订单，而且各个海外基地之间还能发挥相互备份的功效。另一方面，家电企业海外基地的布局始终处于动态调整过程。部分海外工厂可能会因为经营业绩欠佳、集团战略调整或者贸易政策改变等因素而关闭，例如 TCL 和格力在越南的工厂，康佳在印尼的工厂均已停产。以格力在越南的工厂为例，2008 年初投产运营，2010 年宣布退出，主要原因是集团对国际化的认识不断加深，之前单纯关注东道国人力成本优势，忽视了对基础设施、法治环境、劳动力素质等因素的考察。因此一旦收回投资成本，格力就果断选择退出。

表 5 - 3　　　　国内部分家电企业海外经营情况的不完全统计

家电企业	首条海外生产线投产时间	海外经营布局
海尔	1999 年	7 个工业园（美国、巴基斯坦、约旦、印度等），4 个研发中心（日本、新西兰、美国、德国），24 个制造工厂
海信	2008 年	5 个生产基地（埃及、南非、墨西哥、捷克、阿尔及利亚），7 个研发中心（德国杜塞尔多夫、加拿大多伦多、美国加州硅谷、圣地亚哥、洛杉矶、新泽西、亚特兰大）
格力	2001 年	3 个生产基地（巴西、巴基斯坦、越南）

———————

① 本文考察国内企业产业对外转移和国际化的起点是在海外投资新建生产线。事实上，早在 1998 年，康佳集团就在印尼建立了合资企业，负责产品销售。

续表

家电企业	首条海外生产线投产时间	海外经营布局
创维	2003 年	5 个生产基地（墨西哥、莫斯科、匈牙利、德国、南非）
TCL	1999 年	4 个生产基地（泰国、墨西哥、欧洲、北美）
美的	2007 年	6 个生产基地（越南、埃及、白俄罗斯、巴西、阿根廷、印度）
康佳	2003 年	5 个生产基地（印尼、印度、泰国、墨西哥、土耳其），5 个研发中心（美国、日本、韩国、印度、法国）
长虹	2000 年	2 个生产基地（印尼、捷克），3 个研发中心（美国、捷克、西班牙）

资料来源：根据网络相关资料整理。

　　与此同时，国内家电企业在加快海外生产线建设的同时，也提高了对研发网络布局的重视。由于生活习惯、气候条件、民族文化等多方面的原因，世界各地消费者即使在使用同类家电产品时往往也会有不同的需求，尤其随着互联网时代里产品个性化定制需求的出现，对企业的研发能力提出了挑战。正是基于上述考虑，有实力的家电企业开始了海外研发投资。长期以来，美国凭借强大的科研实力吸引众多国内企业来此建立研发中心。2007 年 4 月，海信成为中国在欧洲设立研发中心的第一家大型家电企业，为国内其他企业探索出一条海外发展新路。由于建立海外研发中心对企业自身的实力要求更高，因此目前仅海尔、海信、康佳和长虹等①少数家电巨头实现了目标，相信未来会有更多的家电企业加入该行列。

---

　　① 表中列举的康佳集团 5 个海外研发中心的信息来自该集团 2005 年制定的"1568 大航海计划"，其中"6"代表在全球建立 6 个研发中心。不过目前除了中国和美国硅谷，尚无其他 4 个研发中心的信息。

二、国内家电企业国际化的经验和困难

（一）国际化是推动家电行业快速发展的重要因素

作为一个市场化程度较高的行业，中国家电业在经历了20世纪80年代的技术引进、90年代的产品出口之后，到海外投资建厂、实现资本输出和品牌输出成为行业发展壮大的必然选择。事实上，选择国际化的战略既有主观原因也有客观原因。以美的集团为例。与其他家电龙头企业相比，美的集团的国际化道路起步较晚，直到2007年初才迈出了第一步，而且选择了国内家电企业云集的东南亚试水。美的选择海外投资，主观上是为降低日益增加的生产成本，客观上是为享受人民币升值带来的便利和国家相关政策的支持。

经过十多年的国际化探索，我国家电行业里诞生了海尔、海信、美的和格力等享誉国际市场的知名品牌，数量之多、实力之强，在国内其他行业中是比较罕见的。在欧美中高端消费市场里，国内家电企业的影响也与日俱增。海尔已成功晋升世界白色家电第一品牌，2015年海信电视在美国市场获得100%的增长速度，在欧洲市场品牌收入增长超过30%，与此同时，格力和美的同年成功进入了福布斯世界500强行列。

（二）海外并购有助于家电企业实现跨越式发展

绿地投资和跨国并购是企业在对外直接投资中经常采取的两种方式。与跨国并购相比，实施绿地投资的跨国公司更易受到东道国政府的欢迎，可以享受当地优惠的投资政策，而且绿地投资有利于企业根据自身需要选择更合理的区位。因此，结合表5－3的统计也不难看

出，国内家电企业首次实施对外直接投资行为时，全部选择了绿地投资。

但是另一方面，跨国投资的优势也是显而易见，例如可以帮助企业快速进入东道国市场、获得目标企业的战略性资源、缩短投入产出的时间。然而，跨国并购的最大风险在于并购后两个企业间的整合，尤其是文化整合。如果实施不当，可能会影响并购的效果。TCL 曾主导了对法国汤姆逊和阿尔卡特的两起重大并购事件，为国内家电企业海外投资树立了榜样。不过由于并购前未认真考察收购对象，并购后在组织文化方面融合不足，最终导致整合失败，让企业付出了惨痛的代价。

不过随着国内企业海外经营经验的增加、风险控制能力的增强，实施跨国并购再次成为企业国际化道路的重要方式。尤其本轮金融危机的爆发为国内企业提供了并购欧美家电企业的机遇。2010 年以来我国家电企业成为多宗大额跨国并购的主体，如表 5-4 所示，被并购的对象不仅既有欧美家电巨头，也有日本、新西兰和埃及等国的家电业龙头企业。

表 5-4　　2011~2016 年国内家电企业重大海外并购统计

完成时间	并购主体	并购对象	基本情况
2016 年 1 月	海尔	GE （美国）	海尔以 54 亿美元现金向通用电气（GE）购买其家电业务相关资产，创造了中国家电业迄今最大一桩海外并购案
2015 年 12 月	创维	东芝 （日本）	创维以 2500 万美元收购东芝的印尼工厂，后者生产及销售电视机、洗衣机，是东芝在整个东南亚市场的加工基地
2015 年 7 月	海信	夏普 （日本）	海信出资 2370 万美元收购夏普墨西哥工厂全部股权及资产，并获得夏普电视美洲地区品牌使用权和所有渠道资源

续表

完成时间	并购主体	并购对象	基本情况
2015 年 7 月	创维	Strong （欧洲）	创维以 3000 万欧元收购欧洲著名的机顶盒品牌企业 Strong 集团，实现了国内该行业首家欧洲跨境并购
2015 年 4 月	创维	美兹 （德国）	创维以不到 1 亿元人民币的代价完成对已经申请破产的德国老牌电视企业美兹电视机业务的收购
2014 年 3 月	TCL	三洋 （日本）	TCL 斥资约 1.2 亿港元收购三洋墨西哥彩电工厂相关资产，包括工厂土地、厂房和、设备和三洋墨西哥公司 90% 股权
2012 年 10 月	海尔	斐雪派克 （新西兰）	海尔以 7.66 亿美元的收购价成为新西兰家电巨头斐雪派克电器控股有限公司 90% 或超过 90% 股份的持有人
2011 年 11 月	美的	开利 （美国）	美的以收购方式实现拥有开利拉美空调业务公司 51% 权益，本次交易金额约为 2.2 亿美元
2011 年 7 月	海尔	三洋 （日本）	海尔出资 1.3 亿美元收购三洋电机在亚洲五国洗衣机、冰箱研发、制造以及所收购公司家用电器的销售和服务业务
2010 年 5 月	美的	Miraco （埃及）	美的以 5748 万美元收购美国联合技术公司手中 Miraco32.5% 的股权，将后者作为非洲的重要营销渠道和生产基地

资料来源：根据网络相关资料整理。

（三）自主品牌占比太低是家电企业国际化的最大风险

当前尽管国内家电行业产值不断攀升、品牌影响力不断提高，然而有个问题却始终困扰着行业发展，即自主品牌的占比太低。据统计，当前中国自主家电品牌出口量在海外占比仅为 2.89%，而这当中 86.5% 都来自海尔。如果无法依靠自主品牌占据国际市场，中国家电企业的国际化就难言成功。

贴牌生产为主的经营模式直接削弱了企业的盈利水平，缺乏自主品牌导致企业只能获得低廉的加工费，而过去依靠大量资源投入和高度外贸依存支撑我国家电持续高速增长的时代已结束，如果不能尽早主动降低产品出口中贴牌生产的比重，我国家电企业就始终无法脱离"世界工厂"的印象。当然国内企业在海外发展自主品牌面临的困难也非常大，即使在国际化道路上公认最成功的海尔集团，其 2014 年美国市场的营业收入也仅为 5 亿美元，与 GE 同年 59 亿美元的规模相比相差甚远。不过此轮通过收购 GE、夏普和美兹等欧美传统的家电企业，借助它们的渠道资源，可以增强国内企业在渠道以及规模上的议价能力，从而打开欧美的中高端市场。

（四）研发力量薄弱长期制约着国内家电企业的竞争力

长期以来，我国家电业"白强黑弱[①]"的格局已成为业内共识。这种情况的出现，除了白色家电的市场利润率普遍较高之外，也与国内企业研发投入有关。白色家电属于耐用消费品，技术含量较低，变革节奏较慢，企业可以依靠营销和规模在竞争中取胜；但黑色家电属于消费电子类，该行业技术更新频繁，企业所掌握的核心技术和专利数量决定着竞争的成败。近年来，从 CRT 到 FPT、从 LED 到 PDP，行业内频繁更新的技术让研发实力相对薄弱的国内家电企业常常跟不上节奏，而技术更替带来的去库存压力又进一步制约了企业的研发投入，于是进入"恶性循环"。

据统计，大多数中国企业研发投入比例都低于 3%，极少能达到 5%。而跨国公司的普遍标准是 6% ~ 12%，而目前能达到这一比例的中国家电企业，只有海尔和格力两家。

---

① 它是指国内企业在空调、洗衣机和冰箱等白色家电领域的表现整体强于在彩色电视机、音响和数字式相机等黑色家电。

【专栏5-1】　　近年来国内部分家电企业海外并购的典型案例

2008年国际金融危机的爆发导致全球经济陷入低迷，造成中国家电企业出口订单锐减、营业收入下滑。然而，这场金融危机也为国内家电企业加速"走出去"、以相对较低价格对发达国家同类优势企业实施并购创造了条件。与此同时，修订之后的《境外投资管理办法》也对提高我国企业境外投资便利化水平、规范和促进境外投资发挥了重要作用，推动我国从资本输入国向资本输出国的转变。

以下列举了"十二五"期间我国家电企业参与的四次重大海外并购。

1. 海尔收购GE家电业务

作为国内家电业的巨头，海尔集团在国际化的道路上公认是比较成功的。早在1999年4月，海尔集团就成为中国第一家在美国本土投资设厂的大型企业。通过科学布局和合理经营，海尔已经成长为世界白色家电第一品牌。而GE作为在全球享有盛誉的知名企业，其经营家电业务超过100年，深受各地用户的认可。它在美国本土有9家工厂，2014年销售收入约59亿美元。在欧美市场上，GE也长期被家电消费者视为中高端品牌之一。

海尔长期致力于提升品牌价值，开拓发达国家市场，而GE已决定把业务重心转向涡轮燃机和飞机发动机等重型电机和机械领域，因此促成了此次合作。收购完成后，海尔不仅能获得这家百年企业的知识产权、销售渠道以及产品品牌，更重要的是获得了大批高端消费者用户，有助于加快海尔自有品牌的国际化推广。此次收购也被国外同行视为海尔在2011年完成对原三洋电机白色家电业务并购基础上，又一次力争通过大型收购力争改变"低价位品牌"形象的投资行为。

据英国调查公司欧瑞信息咨询公司统计，2015 年家电的全球市场份额方面，海尔位居全球第 7 位（2.7%），GE 位居第 19 位（0.7%）。收购后的海尔 GE 联盟（3.4%）将超过日本的松下和美国宝洁，跃居全球第 5 位。

2. 海信收购夏普美洲业务

海信集团是国内唯一拥有海信、科龙和容声三个中国驰名商标的家电企业。2014 年集团销售收入迈过千亿大关，成为第四家跨过千亿规模的中国家电企业。海信在平板电视和变频空调领域保持了多年国内市场第一的位置；而在美国市场上，海信也是唯一以自有品牌进入好市多、百思买、沃尔玛等主流销售渠道的中国品牌。长期以来，在国际化的道路上，海信坚持以绿地投资为主的方式，以不亏损为原则，逐步渗透海外市场，很少实施大规模并购行为。本次收购的发生使交易双方实现了"共赢"。

一方面，有"液晶电视之父"之称的夏普公司当前的经营不佳，连续几年发生亏损，急需通过出售部分业务，力求扭亏为盈；另一方面，海信将跻身全球彩电主流品牌前三列为国际化目标，并提升了北美、欧洲和澳洲的战略地位。本次收购成功，不仅可有效扩大海信在当地的产能，还能获得夏普的品牌授权，分享渠道资源，增加海外业务。

收购完成后，海信集团制定了双品牌的管理策略，即将夏普定位于高端，海信定位于中高端，逐步提升海信自有品牌的价值。争取到 2017 年，海信海外销售收入将突破 500 亿元。

3. 创维收购东芝印尼工厂

作为中国显示行业（包括液晶显示、LED 显示、光电显示、平板显示等）的领军企业，创维集团过去五年保持营业额复合增长率达14.8%的高速发展，并连续六年成为彩电业品牌价值增长最快的企业。与此同时，它还是国内高清机顶盒市场占有率第一的厂商。

在创维管理层看来，中国的彩电市场已进入存量竞争阶段，但东南亚、拉美、中东和非洲等新兴市场仍有很大增量。此次被收购的是印尼工厂是东芝在整个东南亚市场的加工基地。收购的完成有助于加快创维在东南亚市场的战略布局，同时获得了东芝在当地的品牌授权，可进一步扩大市场份额，为创维探索中高端产品的经营提供经验，促进其在国际化道路上更进一步。

4. 美的收购开利拉美51%股权

作为国内家电行业的重要代表，美的集团将本集团的国际化战略总结为"小步快跑"，即慎重选择并购对象、严格控制并购规模、稳打稳扎避免风险。从2010年起，美的管理层就将东南亚、南美、北非和中东、印度和巴西、东欧这五个制造成本相对较低的新兴市场列为集团国际化的主要目标，定下了在欧美发达市场以贴牌出口为主而在新兴市场以自有品牌为主的策略。

在后危机时代，拉美地区是全球经济增长较快的区域之一。然而由于拉美地区主要国家存在贸易壁垒，限制了部分家电产品的整机进口。如果单纯依赖从中国进口，中国家电企业在拉美市场发展受到很大限制，只有在当地建立制造基地，才能实现在当地的持续发展。本次被收购的开利拉美公司2010年实现收入约7亿美元，净利润约0.35亿美元。收购完成后合资公司将作为美的在拉美地区开展空调业务的平台，产品销售以自有品牌为主，通过本地制造、整机从中国进口等方式，享受原有的销售渠道。

三、进一步完善家电企业国际化的政策建议

我国家电行业经过十多年的努力，目前在国际化道路上已经取得了一定的成绩。通过不断提高产品质量、完善品牌内涵，中国家电产品正在海外市场上逐步摆脱"物美价廉"的传统形象。下一步，随着中国企业整体实力的增强，启动新一轮以建设自主品牌为目标的国际化势在必行。

（一）充分把握当前机遇，加快建设自主品牌

当前中国家电企业正迎来一个加速推进国际化进程的良机。一方面，部分欧美日等发达国家的传统家电企业已经调整业务范围，将生产的重心转向消费电子领域和信息领域，逐渐淡出传统家电领域；另一方面，中国家电企业已成长壮大，在国际化人才储备和品牌运营管理等方面积累了充分经验，欠缺的只是进入中高端市场的渠道资源。

因此，国内各级政府部门和行业协会都应鼓励家电企业抓住当前的发展机遇，基于自身目标定位，选择合适的对象尽快实施并购，并在并购完成前后提供必要的政策信息援助。另一方面，持续鼓励中国家电企业加大自主品牌的建设力度，可以通过税收优惠、政府采购和专利奖励等方式给予支持。

（二）借助"一带一路"战略，完善海外工厂布局

当前由于全球经济不景气，导致国内家电产品出口数量持续下滑，尤其是受欧洲、美国和日本这三大主要出口市场拖累。事实上，即使当前中国企业能够抓住机遇，完成对 GE 和夏普等国际知名品牌

家电业务的并购，但在今后很长一段时间内在欧美市场上仍然只能维持以上述品牌为主的产品销售，让自主品牌被欧美消费者接受还尚需时日。

因此，国内企业还可以借助"一带一路"国家战略加快完善海外布局，利用日系家电品牌经营陷入衰落的契机，在"一带一路"沿线的东南亚、中东、非洲和拉美等新兴市场国家和地区投资新的生产线。由于上述地区民众收入水平低，对品牌的忠诚度不高，消费潜力大，因此非常适合中国家电企业自主品牌的推广，这也为国内产品输出扩宽了渠道。

（三）加快海外工业园建设，带动国内企业"集体出海"

通过建设海外工业园，吸引产业链上下游企业集体"走出去"，降低出海风险，正成为许多企业总结的有效经验。

从表5-3的统计可以看出，尽管各家家电企业在海外建立了多个生产基地，但基本都是"单兵作战"，缺乏业务合作。事实上，当前中国企业正在推进建设的境外经贸合作区已达75个，分布在34个国家，共带动投资近180亿美元，吸引入区中资企业711家。通过合作区这个平台，不仅可以加强我国企业对当地政府、社会的整体影响力，提升话语权，还大大降低了中小企业国际化的风险，有助于发挥同行业投资规模效应，从而争取所在国的优惠政策。

第六章

推动国际产能合作"走出去"的中国钢铁业

钢铁工业是国民经济的基础产业，是技术、资金、资源、能源、劳动力密集产业，钢铁工业为我国经济快速发展和国民生活水平提高做出了巨大贡献，在出口市场中表现出了强大的国际竞争力。但是，全球经济低迷和我国宏观经济放缓，使我国钢铁行业面临严重的产能过剩矛盾。国内企业的市场竞争逐渐走向国际舞台，大批企业将钢铁产品低价大量输向海外市场，引发了国际市场的担忧和来自于一些国家的贸易保护制裁，钢产品出口市场环境堪忧。为此，中国政府在2013年时就曾表示支持钢铁企业"走出去"，将过剩产能转移到海外市场。2015年5月，国务院发布《关于推进国际产能和装备制造合作的指导意见》，将钢铁行业作为国际产能合作的主要产业之一，积极推动钢铁企业进行海外投资。在政府的鼓励和扶持下，一批钢铁企业已经将部分产能合理转移到海外市场，并通过这一过程提升企业的国际市场竞争力。未来，国际产能合作与"一带一路"的融合将进一步带动国内钢铁企业拓展海外市场。

一、我国钢铁工业发展现状分析

钢铁工业作为工业化国家的基础工业之一，在我国经济建设中发挥了重要作用。改革开放后，我国钢铁工业迎来了快速发展时期，本土企业不断改造升级，合资、合作企业大量出现。1996 年，中国粗钢产量首次超过 1 亿吨，占世界钢产量的 13.5%，成为世界第一产钢大国。目前，我国粗钢产量已超过 8 亿吨，占全球的 49.54%，钢材出口量突破 1 亿吨。

（一）国内钢铁行业产能严重过剩

如图 6 - 1 所示，2005 年以前，在国内经济高速发展的带动下，我国钢铁需求量高于供给量。自 2006 年来以来，这一情况发生逆转，除 2009 年国内钢铁供求基本平衡外，其他年份中均出现了供过于求的现象，且二者差额有逐年增加的趋势。2007 ~ 2011 年，钢铁行业的产能利用率总体上处于合理水平。但是，2012 年之后产能利用率明显下降，产能过剩矛盾突出。2015 年，我国粗钢产量出现 30 年来首次下降，产量为 8.04 亿吨，与近 12 亿吨的产能相比，产能利用率已低于 70% 的合理水平。

与此同时，我国国内粗钢消费出现下降态势。2015 年我国粗钢表观消费量为 7 亿吨，为连续第二年下降，且下降幅度较上年扩大了 1.4%，达到了 5.4%[①]。考虑到产能统计不完全，近几年的实际产能利用率可能还要更低一些。国内钢铁产品消费需求下降的直接原因来

---

① 资料来源：Wind 数据库。

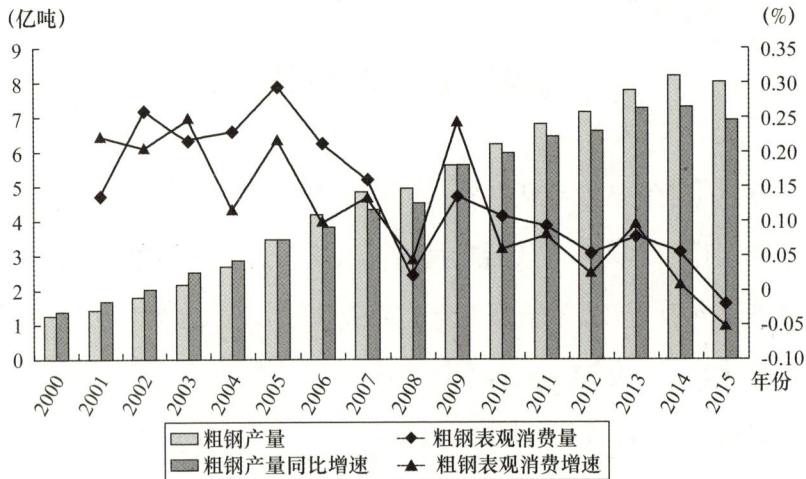

图6-1 2000~2015年中国粗钢产量、表观消费量及其增速变化情况

资料来源：Wind 数据库。

自于宏观经济的放缓，在主要用钢行业中，房地产开发增速放缓，2015 年的名义增长速度仅为 1%，创 5 年来新低，导致用钢需求降低；造船行业增速回落 10 个百分点以上，制造业、基建投资、汽车产量等亦有 3~5 个百分点回落，压缩了用钢需求。因此，去产能成为我国钢铁行业的必然选择。仅以中国钢铁重镇唐山为例。据统计，截至 2016 年 1 月 1 日，唐山地区已合计关停产能 1609 万吨，包括佳鑫（55 万吨）、成联（70 万吨）、建源（55 万吨）、清泉（120 万吨）、福丰（125 万吨）、粤丰（75 万吨）、安泰（174 万吨）、建邦（205 万吨）、兴隆（250 万吨）和松汀（480 万吨）[1]。

（二）国内钢铁行业经济效益下滑

由于产能严重过剩导致钢材价格持续下跌，企业生产经营困难。钢材价格自 2011 年 4 季度以来一路下跌，屡创新低。钢铁协会钢材综

---

[1] http://www.chinabgao.com/k/gangtie/21971.html.

合价格指数已从 2011 年 4 季度末 135.93 的高点跌至 2015 年底的 56.79。2015 年当年的钢材综合价格指数下跌幅度达到了 31.1% 之高（见图6-2）。

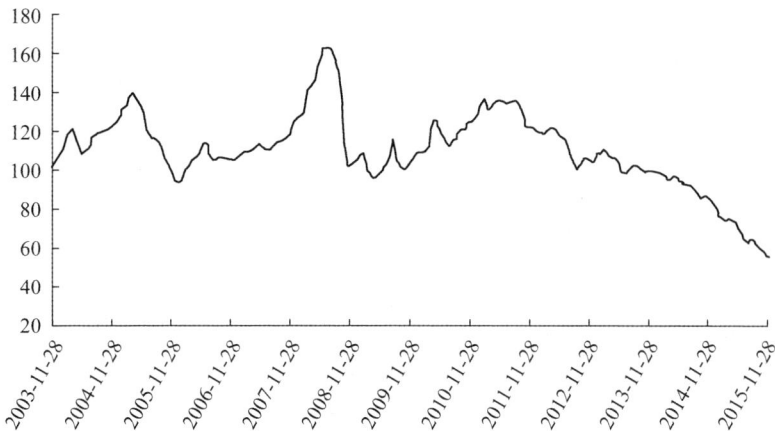

图6-2 2003年11月～2006年3月国内钢材综合价格指数变动情况

资料来源：Wind 数据库。

受供求和价格因素影响，我国钢铁行业盈利水平持续下降，2015年出现全行业亏损，重点统计钢铁企业实现销售收入不足 3 万亿元，同比下降19.05%；当年下半年始终处于亏损状态，且利润亏损额至年终扩大到 645 亿元，亏损面为50.5%。由于亏损涉及全行业且程度严重，部分企业为了维护市场份额和保持流动资金，以低价甚至倾销的方式进行市场竞争，导致市场环境进一步恶化。还有的企业在产品上以次充好，在生产中无证产销，在经营中偷税漏税，在环保上偷排漏排，造成恶劣的经济和社会影响。

（三）国内钢铁行业固定资产投资持续下降

受产能过剩影响，我国钢铁行业投资整体进入萎缩状态。2015年，我国钢铁行业固定资产投资 5623 亿元，同比下降12.8%。考虑当前供求矛盾、全行业亏损现状和融资难问题，国内钢铁企业对固定资产投资十分谨慎。同时，国外进口铁矿石在价格上远低于国内同类产品价格，导致我国矿山企业面临经营困难，采矿企业固定资产投资下降。

据铁矿网统计，2015年底我国国产铁矿石价格指数为170左右，而进口铁矿石价格指数为150左右（见图6-3）。进口与国产铁矿石价格的巨大差幅使国内矿山企业难以为继，亏损现象蔓延至大部分国内矿山企业，导致停产现象频发，全行业相关领域的固定资产投资也大幅缩水。2015年，我国黑色金属矿采选业投资1366亿元，下降17.8%。曾经依靠自有矿山进行生产经营的联合企业也失去了竞争优势，矿山逐渐成为企业生存和发展的负担。

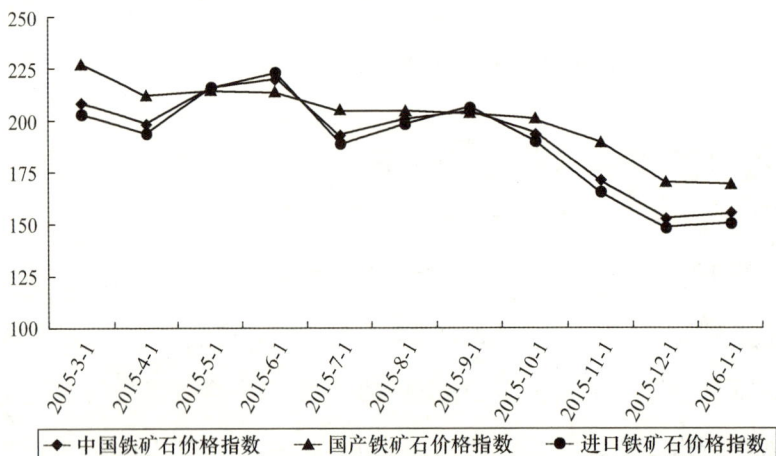

图6-3　2013年3月~2016年1月国产与进口铁矿石价格指数比较

资料来源：Wind 数据库。

（四）国内钢铁行业退出机制不健全

我国钢铁行业产能过剩、行业亏损严重、企业效益低下已经成事实，部分企业因资不抵债已处于停产或半停产状态，但因资产和债务处置困难而无法一次性关停这类企业，导致企业仅能依靠银行贷款为生，沦为僵尸企业。这类企业通常占有庞大的资产、银行贷款和劳动力，与上下游企业联系紧密，企业一旦退出市场可能引发联动效应，甚至影响地区经济发展和社会稳定，因此对这类企业的处置度较大。比如海鑫钢铁集团有超过 900 家债权人共申报债权 234 亿元，已确认债权 143 亿元，其中，仅民生银行就有约 70 亿元贷款，而企业账面资产只有 69 亿元[①]。当前，我国供给侧结构性改革相关措施的出台，使钢铁行业在淘汰落后产能方面得到了税收、金融、社会保障等方面的政策支持，有利于指导严重亏损企业有序退出市场。

二、我国钢铁工业对外产业转移现状分析

（一）我国资源类企业"走出去"的大趋势

2000 年，中国正式提出了"走出去"战略，各个行业的大批企业先后通过进出口贸易、经济合作和对外直接投资等方式融入海外市场。2007 年以来，中国资源类企业向西半球国家进行大规模直接投资是带动中国对该地区投资增长的重要因素。从行业层面来看，中国资源类企业对外直接投资的总体水平显著增加。据国家统计局对采矿业（主要为石油、天然气开采业、有色金属开采业、黑色金属矿采选业）的统计数据显示，中国采矿行业 2014 年的对外直接投资净额是 2007 年水平的近 4 倍（如表 6 - 1 所示），总额达到 165.5 亿美元，占当年流量总额的 15.44%。同时，中国采矿业 2014 年对外直接投资存量达到了 1237.3 亿美元，占存量总额的 16.61%[②]。

美国传统基金会（The Heritage Foundation）的相关研究报告也证明了这一点，认为中国企业在 2006 - 2010 年间的非金融类对外直接投

①　http：//www. china - daqi. com. cn/xhjj/2016 - 02 - 20/81089. html.

②　资料来源：Wind 数据库。

资的主要领域就集中在资源类行业。其中，能源和电力产业居第一位，投资总额达到 1022 亿美元，占 5 年内全部投资比重的 47.3%；金属产业居第二位，投资总额为 608 亿美元，所占比重为 28.2%[①]。从企业层面来看，一大批大额投资从中国资源类企业投向西半球国家，例如：中国沈阳能源集团与美国可再生能源集团和美国天空风能有限公司签署了 15 亿美元的风能合作投资协议；中国武汉钢铁集团投资 4 亿美元获得巴西 EBX 集团铁矿石资源股权；中国国家电网以 9.89 亿美元收购巴西输电公司及输电资产 30 年经营特许权；中石油、中石化和中海油向委内瑞拉投资 400 亿美元用于石油和天然气开发合作等。

表 6-1　　　　2007～2014 年中国资源类企业对外直接投资（采矿业）情况

年份		2007	2008	2009	2010	2011	2012	2013	2014
对外直接投资净额（亿美元）	金额	40.63	58.24	133.43	57.15	144.46	135.44	248.08	165.49
	总净额	248.38	418.59	477.95	601.84	685.84	777.33	927.38	1072.02
	占比	16.36%	13.91%	27.92%	9.50%	21.06%	17.42%	26.75%	15.44%
对外直接投资存量（亿美元）	金额	150.14	228.68	405.80	446.61	669.95	747.84	1061.71	1237.25
	总存量	1011.91	1472.77	1997.61	2619.57	3573.87	4354.87	5433.99	7450.18
	占比	14.84%	15.53%	20.31%	17.05%	18.75%	17.17%	19.54%	16.61%

资料来源：Wind 数据库。

（二）国内钢铁产品出口高速增长

国内市场饱和使我国大量钢铁产品涌入海外市场，近年来我国钢材出口呈现高速增长。2013～2015 年，我国钢材出口增幅为 11.9%、50.5% 和 19.9%。2015 年我国钢材贸易量保持顺差，出口数量达

---

① Derek Scissors. China's Investment Overseas in 2010. The Heritage Foundation No. 3133, February 3, 2011.

11240 万吨，创历史最高，占同期我国粗钢产量的 14%（见图 6 - 4）。

（万吨）

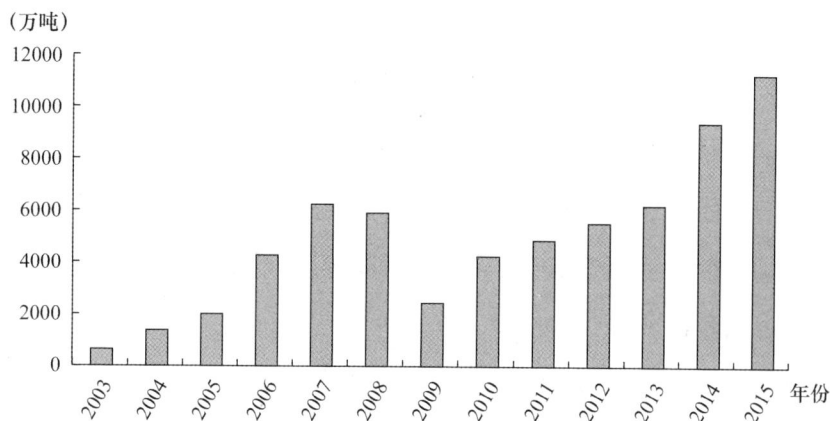

图 6 - 4　2003～2015 年中国钢材出口数量变化情况

资料来源：Wind 数据库。

我国钢材产品出口量高速增长的主要原因在于巨大的价格优势。以中厚板产品为例，中国出口价为 265 元/吨，同期美国、德国、欧盟、韩国、东南亚的中厚板价格，分别较中国出口价格高 90%、32%、28%、36% 和 5. 35%。我国出口钢材之所以能够以如此低的价格竞争国际市场，一方面原因在于低成本、低利润的运营方式，另一方面来自于政府层面的出口退税。我国钢材出口退税率为 5% ~ 10%，许多钢铁企业出口的利润正来自于退税。

（三）国内钢铁产品出口难度加大

一方面，随着我国钢铁产品出口数量的不断增长，引发的反倾销、反补贴等贸易摩擦事件频繁发生。2015 年，针对我国钢铁产品的双反案件达到 37 起，使部分钢铁企业付出了沉重的代价。由于我国钢铁产品出口价格极低，且部分原因在于政府的退税补贴，所以欧美等国频繁对我国钢材提出征收惩罚性关税。2015 年，底美国政府就拟对中国内地出口美国的耐蚀钢征收 256% 的高关税，以保证市场的"公平"

竞争。同时，一些国家为了保护本国钢铁产业，在贸易法律法规中加入保护性条款，导致我国出口钢材受阻。2016 年初，美国总统奥巴马签署了《2015 年贸易便利和执法法》，其中美国钢铁行业支持的执法法案也一同获签，将对中国钢材出口美国造成不利影响。

另一方面，我国取消钢铁产品的部分出口优惠措施后，在一定程度上起到了抑制出口的作用。2015 年初我国政府发布的《关于调整部分产品出口退税率的通知》中，决定取消含硼钢的出口退税，使国内低成本钢材的出口热潮受到了影响。含硼钢在我国出口钢材总量中所占比重超过 40%，许多企业通过向钢材中添加硼元素的做法向政府申领吨钢 200～300 元的出口退税，从而降低出口成本。此项出口退税政策的取消使部分靠廉价低质产品竞争海外市场的企业受到了冲击，钢铁行业短期生产压力进一步加剧，但对于升级钢材出口品质、促进钢铁行业转型升级却有积极的长远意义。

（四）国内钢铁企业积极参与国际产能合作

由于我国钢铁行业生产对进口铁矿石的依存度较高，原料价格高企直接挤压钢铁企业利润，因此我国钢铁企业早期（2013 年以前）"走出去"的目的主要是向产业链上游拓展，通过合资、合作和共同开发等方式掌控海外铁矿石资源，从而降低原料成本。例如 2004～2015 年间，武钢以入股及项目合作等方式在澳大利亚、加拿大和巴西等国进行了铁矿投资，锁定的海外铁矿石资源约 100 亿吨，形成了每年逾 9000 万吨的供矿能力，使武钢成为中国钢铁企业在海外获得权益最多的钢厂。宝钢自 2001 年以来，通过与河水河谷、力拓、Aquila 和 FMG 等企业合资、合作开发铁矿资源，使其海外铁矿石权益资源超过了 12 亿吨，形成了每年逾 3000 万吨的供矿能力。在早期的海外铁矿投资中，澳大利亚以丰富的铁矿资源成为中国企业投资最多的目标国家，巴西、加拿大和蒙古分列中国钢企海外铁矿投资的第二到四位（见图6-5）。

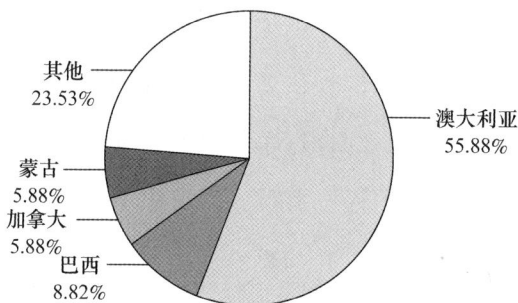

图6-5　中国企业海外铁矿投资分布情况

资料来源：钢联资讯数据。

随着我国经济进入新常态，钢铁行业产能过剩已被明确认定，以国际产能合作的方式实现新一轮"走出去"成为我国众多钢铁企业生存和发展的选择。截至2015年的初步统计显示，正在推进的一批国际产能合作重大项目建成后，可以在境外形成每年约4600万吨的钢铁产能。

三、典型案例分析——宝钢集团海外投资浅析

（一）宝钢集团有限公司简介

宝钢集团有限公司（以下简称宝钢）成立于1978年，经过30多年发展，宝钢已成为中国现代化程度最高、最具竞争力的钢铁联合企业。截至2014年末，宝钢员工总数超过13万人，遍布全球各地。宝钢以钢铁为主业，生产高技术含量、高附加值的钢铁精品，形成了普碳钢、不锈钢、特钢三大产品系列。这些钢铁精品通过遍布全球的营销网络，在满足国内市场需求的同时，还出口至亚非欧美的40多个国

家和地区，广泛应用于汽车、家电、石油化工、机械制造、能源交通、金属制品、航天航空、核电、电子仪表等行业。

在汽车板领域，宝钢成为世界上第一个具备第一、二和三代先进高强钢供货能力的厂商。围绕钢铁主业的发展需求，宝钢还着力发展相关多元产业，重点围绕钢铁供应链、技术链、资源利用链，加大内外部资源整合力度，提高综合竞争力及行业地位，形成了资源开发及物流、钢材延伸加工、工程技术服务、煤化工、金融投资、生产服务、信息服务等相关产业板块，并与钢铁主业协同发展。宝钢经营业绩继续保持国内行业领先，处于全球钢铁企业前列。

图6-6 宝钢集团全球公司总部、分支机构及加工中心分布图
资料来源：根据宝钢集团对外公布数据整理。

（二）宝钢对外产业转移典型案例分析

宝钢是中国最早进行海外投资的钢铁企业，1988年11月在东京合资创办宝华贸易公司，开启了其国际化经营的三个阶段：国际贸易阶段、海外投资办矿阶段和产业转移阶段，详见表6-2。

表 6 - 2　　　　　　　　　　　宝钢对外产业转移演变进程

序号	时间	阶段与事件
国际贸易阶段		主要从事产品销售、材料采购、第三方贸易、商情搜集和分析等业务
1	1988 年 11 月	在东京合资创办宝华贸易公司
2	1993 年 8 月	在日本创办了宝和通商株式会社
3	1993 年 10 月	在德国汉堡创办了宝欧公司
4	1996 年 4 月	在美国创办了宝美公司
海外投资办矿阶段		应对上游垄断，获取战略资源，与国际矿业巨头开展战略合作，投资办矿
5	2001 年 5 月	宝钢与巴 CVRD 合资组建宝华瑞，取得每年 600 万吨铁矿石供应
6	2002 年 6 月	宝钢投资设立宝澳矿业有限公司，与澳大利亚哈默斯利合资办矿，控制每年 1000 万吨铁矿石资源
产业转移阶段		做强做大钢铁主业，构建低成本的海外生产基地
7	2002 ~ 2004 年	宝钢与巴西淡水河谷（CVRD）就在巴西圣路易斯建设钢厂一事于 2002 年达成意向，并于 2004 年就合资组建钢厂举行前期合同签约仪式，标志着宝钢第一个海外钢铁生产基地建设项目的前期工作正式启动
8	2011 年 6 月	宝钢资源（国际）有限公司完成与加拿大 NORONT 资源有限公司（简称"NORONT"）的战略投资合作。宝钢资源（国际）出资 1740 万加元购买 NORONT 公司定向增发的 9.9% 的股份。宝钢资源（国际）将获得一个董事会席位，且对 NORONT 公司的项目拥有参与开发的优先权
9	2013 年 9 月	宝和通商株式会社、宝钢国际与韩国本地企业 GNS 株式会社合资新建钢材加工配送中心——BGM 株式会社。BGM 是宝钢在海外投资建设并负责经营的第一家合资钢材加工配送中心，将向韩国通用等用户提供汽车板仓储、剪切、配送等准时制生产方式 JIT 服务
10	2014 年 7 月	宝钢集团有限公司通过旗下的宝钢资源（国际）有限公司联合澳大利亚大宗商品铁路运营商 Aurizon Holdings Limited，收购澳大利亚综合矿业公司阿奎拉（Aquila Resources Limited）

资料来源：根据宝钢内部审计报告、上市公司年报及相关资料整理。

　　钢铁企业对外产业转移的重要标志是其在东道国投资设厂，生产中间产品或最终产品。宝钢自 2002 年起持续进行海外投资的探索，在钢铁及其相关产品的开采、生产、供应链、战略布局等角度进行海外投资，一方面补充了当时中国国内产能缺口，另一方面将传统的产业模式向国外转移，使宝钢在国内有充分的空间和时间进行技术创新与产业升级。以下是对宝钢海外投资案例的具体分析。

1. 生产成本驱动

　　为了降低钢铁生产成本，上海宝钢集团与巴西淡水河谷（CVRD）① 合资建设百亿元的综合钢铁厂。截至 2004 年，该项目是中国最大的海外投资项目，建于巴西东北部，投资 10 亿 ~ 14 亿美元，年产约 400 万吨厚钢板。钢铁厂的运营可以确保宝钢获得稳定的铁矿石供应，以便补充当时中国对钢材的需求缺口。根据北京梅塔科咨询服务有限公司的报告，2004 年中国还需要进口 2000 万 ~ 3000 万吨钢材，宝钢与淡水河谷的合作缓解了当时中国国内钢铁产能不足的境况，开创了中国钢铁企业海外投资的先例。

2. 争夺关键性原料

　　为了提高不锈钢生产质量，宝钢资源（国际）于 2011 年 6 月出资 1740 万加元（约 1.2 亿元人民币）购买 Noront Resources 公司定向增发的 9.9% 的股份，相当于每股 0.86 加元，宝钢还可以选择出资 1170 万加元（约 7987 万元人民币）再对部分权证行权，将股份增持到 14.5%。根据协议，宝钢资源（国际）将获得一个董事会席位，且对 Noront Resources 公司的项目拥有参与开发的优先权。Noront Resources 公司总部位于加拿大多伦多市，在加拿大创业板上市，是一家以资源

---

　　① 淡水河谷（CVRD）是当时全球最大的铁矿石生产商。

勘探为主、现正转型为资源开发的中型资源公司，拥有若干个硫化镍铜矿、铬矿、金矿及钒钛磁铁矿的勘探及开采权，其中镍和铬铁都是不锈钢炼钢的原材料。

3. 加强供应链控制

钢铁企业为了降低生产经营成本，不能仅依靠控制原料开采等上游生产链条，还需要加强对中间产品，流通环节的控制，确保实现效率最优。因此，宝钢于2013年9月依托其子公司宝和通商株式会社、宝钢国际与韩国本地企业 GNS 株式会社合资新建钢材加工配送中心——BGM 株式会社。BGM 是宝钢在海外投资建设并负责经营的第一家合资钢材加工配送中心，年设计产能为 11 万吨。

为了满足韩国通用提出的希望宝钢在提供优质产品的同时，也提供优质加工配送服务的要求，宝钢决定投资该加工配送中心项目。BGM 加工配送中心将向韩国通用等用户提供汽车板仓储、剪切、配送等准时制生产方式 JIT 服务，该加工配送中心的投产运营，标志着宝钢在韩国市场率先于日本钢厂和中国台湾钢厂及中国大陆其它竞争对手拥有更加完善的供应链体系，提高了其他钢厂进入中高端市场的门槛，使得 BGM 在竞争非常激烈的韩国市场处于相对有利的地位。

4. 资源储备战略布局

2009 年10 月，宝钢集团就曾以现金约2.9 亿澳元，每股6.5 澳元的价格收购了阿奎拉（Aquila Resources Limited，以下简称"Aquila"）约15％的股权。然而，随着国际铁矿石价格持续下跌，宝钢参股 Aquila 的过程中，发现其矿产资源储备具备较大优势，并判断未来两年国际铁矿石价格将会出现逆转。

因此，为了提前进行原料储备的战略布局，宝钢集团有限公司于2014 年7 月通过旗下的宝钢资源（国际）有限公司（以下简称"宝钢资源") 联合澳大利亚大宗商品铁路运营商 Aurizon Holdings Limited (以下简称"Aurizon"), 以每股 3.4 澳元的价格全面要约收购澳大利亚综合矿业公司 Aquila。宝钢资源此次收购支付总价 9.1 亿澳元。

Aquila 是总部位于西澳大利亚的综合性矿业公司, 经营业务有铁矿石、煤炭和锰矿, 按照宝钢资源每股 3.4 澳元的现金报价计算, Aquila 100% 股权的估值约为 14 亿澳元 (13 亿美元)。Aquila 在澳大利亚西皮尔巴拉、昆士兰地区以及南非拥有优质的铁矿石、主焦煤和锰矿资源项目。据悉, Aquila 资源储备足以实现 3000 万吨以上铁矿石和 500 万吨焦煤的年开采量, 根据初步的技术资料分析, 产品成本具有较强的竞争优势。

(三) 宝钢对外产业转移的成功模式与存在问题

截至本书稿完成时, 宝钢海外投资除了 2014 年收购澳大利亚综合矿业公司 Aquila (尚无定论) 之外, 其他交易都很成功。究其原因, 宝钢将海外投资实践与对外直接投资的理论相匹配, 从降低生产成本、争夺关键性原料和加强供应链控制等多方面实现全球资源优化配置, 在此过程中形成钢铁产业转移。

根据国际产业转移理论, 发达国家 (如美国、英国等) 均在其工业化进程中不断通过对外投资转移过剩产能。同样, 发达国家一方面开采廉价铁矿石运回国内生产, 但到投资后期基本实现就地开采、就地生产、销往全球, 这需要企业具备一定的规模才能正常运营。由于对外投资对企业的要求高于仅做出口业务的企业, 因此衡量企业是否具备海外投资实力的关键指标在于企业的生产率。根据异质性企业贸易理论, 能够对外直接投资的企业生产率较高, 这与实际情况相符合: 近年来, 中国资源类企业的生产率水平有了显著提高, 企业对外直接投资的步伐也在不断加快。

据测算，中国石化产业的累积相对全要素生产率从 1998 年的 0.8805 提高到了 2007 的 2.2575，累积相对技术进步水平也从 1998 年的 0.881 提高到 2007 年的 2.109[①]。中石化、中石油和中海油等行业领先企业纷纷成为海外直接投资主力，其目标市场涵盖南美、中亚、非洲、中东和亚太的众多国家。中国采掘行业生产率水平的提高也同样促进了对外直接投资的发展，统计显示，中国国有重点煤矿采煤机械化程度由 2001 年的 75% 提高到 2010 年的 89% 以上。采掘行业中的领先企业，如神华集团，还通过自主创新开发了具有国际领先水平的开采设备，使煤炭生产率达到世界最高水平，加快了企业"走出去"的进程[②]。

虽然中国"走出去"的资源类企业在生产率水平上较国内其他企业具有显著优势，但是与国外同行业企业相比仍存在较大差距，这在很大程度上构成了中国资源类企业参与国际竞争的巨大挑战。从 2009 年统计来看，中国资源类领先企业的劳动生产率水平较国际 500 强中的领先企业还有一定差距（如表 6-3 所示）。

表 6-3　　2009 年中外企业 500 强资源类行业领先企业劳动生产率比较

行　业	中国 500 强 领先企业	世界 500 强 领先企业	中国企业与国外企业 劳动生产率比值
金属业	宝钢集团	卢森堡安塞乐米塔尔	80.38%
炼油业	中国石化	荷兰皇家壳牌	17.20%
公用事业	国家电网	法国电力集团	28.54%

---

① 李星光，《中国石化产业全要素生产率研究》，大连理工大学博士学位论文，2010 年，第 96 页。

② 赵雪，"效率升 事故降 技术突破提升煤炭工业质量"，《科技日报》，2010 年 12 月 14 日，第 1 版。

续表

行　业	中国 500 强 领先企业	世界 500 强 领先企业	中国企业与国外企业 劳动生产率比值
采掘业	神华集团	澳大利亚必和必拓	9.44%
贸易业	中钢集团	日本三菱集团	52.46%

资料来源：中国企业联合会，中国企业家协会编：《2009 中国 500 强企业发展报告》，北京，企业管理出版社，2009 年 8 月。

但是，表中的宝钢集团，其生产率与卢森堡安塞乐米塔尔的比值高达 80.38%。这说明宝钢对外投资的成功应归因于较高的生产率。因此，当中国企业选择以对外直接投资方式融入国外市场时，其面临的竞争就不仅仅来自于国内市场，而是需要参与全球范围内的竞争，其与国际领先企业的生产率差异将从根本上决定企业的竞争能力。

宝钢对外产业转移的问题主要来源于对外投资的观点的前后矛盾。在宝钢全面控股 Aquila 之前，其仅与 Aquila 达成投资协议，以现金 2.86 亿澳元现金，并一跃而成 Aquila 公司的第二大股东。与其他企业进行海外投资时的全面控股策略不同，宝钢的海外资源不需要投资于绝对控股。对此，宝钢集团董事长徐乐江在中澳经济贸易合作论坛上以可能并不符合产业链的要求为理由提出：不赞同中国钢铁企业100% 控制上游资源。由于资源的开发不是钢铁企业的核心优势业务，但毕竟控制廉价原材料是进行海外投资企业的必备技能，因此他也同意在原材料生产领域进行适度投资，采矿企业也可以投资钢铁企业的一个适度的份额。

然而，时隔 5 年后，宝钢决定全面收购 Aquila 并最终成功交易。对该交易的担心主要集中在四个方面。

一是该铁矿石项目负债沉重。尽管澳大利亚铁矿石项目带来的充足的生产用铁矿石使宝钢能够维持高产量生产，但该项目本身严重的债务可能让宝钢担负较大的负担，基于现实国内产能过剩的行业大背景没有显著改观，投资海外具有较大风险。

二是国内钢铁产能过剩情况未有改善。2015年钢铁行业供给侧结构性矛盾进一步凸显，中钢协国内钢材综合价格指数创20余年来新低，同比跌幅27.3%。由于钢材价格下跌远超同期矿石等原料价格的下降，加之下游行业需求持续低迷等，整体产业环境恶劣。

三是宝钢效益不佳。根据宝钢股份发布的2015年年报显示，当年实现营业收入1641.29亿元，同比下降12.6%；归属于上市公司股东的净利润9.61亿元，同比下降83.4%，每股收益0.06元。

四是投资收益率较低，据估算，目前澳大利亚矿石成本在30美元/吨至40美元/吨，如果其投资成本控制在50美元/吨至60美元/吨，仍然可以获得丰厚的回报。相比之下，中国离岸投资的矿石成本为80美元/吨，到岸价超过90美元/吨。以中信泰富在澳大利亚西部的投资为例，其投资后的铁矿石成本价高达100美元/吨，加上运输成本和货币转换成本，无任何成本优势。虽然宝钢收购意图在于进一步降低原料采购成本和战略布局，但是在当前大环境疲软的情况下，控制原料成本至关重要。

四、我国钢铁工业对外产业转移的对策及建议

（一）大力推进海外供应链建设，着重研究供应链末端产品

全力推进钢铁企业优势产能国际合作，创新商业模式，加强市场开拓，大力推进海外供应链建设、提升全球战略用户供货能力，开创海外营销新局面；各钢铁企业应着重研究供应链末端产品，探索小规模参股的投资模式、锁定钢材供应渠道，规避贸易壁垒。目前，以宝

钢为例，众多钢铁企业对上游原料和供应链中游控制较好，缺乏下游产品研发与销售，导致普通产品产能过剩，高精尖产品供不应求。因此，要加强海外供应链建设，大力研发供应链末端产品。此外，多元产业要继续扎实推进海外资源投资、金属包装等项目，做好风险防控，推进全球布局等。

（二）把握"一带一路"战略发展机遇，钢铁企业走出去应产品和投资相结合

在国内钢铁产能过剩的背景下，受国家"一带一路"战略投资规模大等特点的影响，将激发以钢铁作为原材料的各行业的有效需求，这就能够较好地刺激钢铁企业增加产量，提升钢铁的价格，从而有利于整个钢铁行业的发展。国内过剩产能跟随"一带一路"战略转移到海外，可利用当地巨大的市场需求，把已经固化的产能变成新的投资。中国钢铁企业走出去的重要策略是将钢铁产品出口和企业海外投资结合，不仅将产品出口至目标国家，还要结合"一带一路"战略将近年来获取的生产制造技术、管理经验和必要的服务等应用于重点投资沿线国家。

目前，"一带一路"沿线国家具备较大的钢铁需求潜力。印度、印度尼西亚、非洲和中东地区的钢铁需求增长尤为迅速。2014 年中国的钢铁出口到印度增长了51.3%，出口到印度尼西亚增长最快，高达131%，出口到非洲增长了71.4%，出口到中东地区相对增长较小，但也超过了40%。中国钢铁企业对外经贸合作的主要方式是钢铁出口，海外投资还处于初始阶段。钢铁企业海外投资不能仅仅单方面转移生产能力，而要在给当地经济和就业带来有效提升的情况下，同时解决国内钢铁产能过剩的问题。

（三）"互联网＋钢铁"成为行业发展新趋势

"互联网＋钢铁"带给钢铁行业多重便利，有利于钢铁全产业链的运营协调和整体优化。但要以"互联网＋"拉动整个钢铁产业发展，仍需要不断完善基础法规和标准化体系。要夯实基础设施，完善服务体系。要升级信息系统，树立行业技术变革标杆。要发展增值服务，进一步延伸钢铁产业链。要利用云计算、大数据等技术，为钢铁行业提供丰富的行业资讯、科学的市场分析和严谨的决策支持等服务。要进一步探索钢铁行业"互联网＋"的发展模式，打造"互联网＋钢铁"的示范基地。

第七章

借助产业转移化解过剩产能的中国水泥业

长期以来，水泥行业在建材行业中占据重要位置，发展速度受下游房地产和建筑业影响，是国民经济中的支柱行业。多年来，我国贡献了全世界一半以上的水泥产品。随着经济增长速度的放缓，国内水泥行业出现了比较严重的产能过剩，水泥价格持续下跌，众多水泥企业经营遭遇寒冬。事实上，通过产业对外转移化解过剩产能已被越来越多的政府官员、研究学者和企业管理者所认同，它是"走出去"战略的延续。

21世纪初，中央政府首次将"走出去"战略提升到国家战略层面。就水泥行业而言，按照实施难易程度，"走出去"战略大体有三种主要的方式：一是最基础的产品出口。作为全球最大的水泥产品生产国，多年来我国水泥出口数量也居高不下。二是通过工程承包的形式，以技术和装备出口带动产品出口。这方面的代表是中材、中建材等国内知名的大型工程、设计公司。三是资本输出，直接在海外投资建厂，将新增产能和过剩产能转移出去。从"十一五"后期开始，国内众多的水泥龙头企业开始选择这种方式"走出去"，在拓宽盈利渠道的同时，缓解国内激烈的市场竞争。

下一步，随着"一带一路"国家战略深入推进，国内必将会有更多的水泥企业主动走出国门，到更大的国际舞台上参与竞争，发掘价值洼地，整合产业链资源，实现更大盈利。

一、我国水泥行业发展的特点和规律

水泥工业是我国建材产业的重要组成部分，与社会经济发展息息相关。我国是水泥生产大国。改革开放以来，国内各地大规模经济建设的启动带动了水泥产业的飞速发展。1985 年至今，我国的水泥总产量一直稳居世界第一，每年对世界水泥总产量的贡献度超过60%。同时我国还是世界上最大的水泥技术装备出口国和水泥工程承包国。

（一）国内水泥行业未来增长乏力

图 7-1 反映了"十一五"和"十二五"期间我国水泥的年产量以及年均增速的情况。从图中可以看出，过去 10 年里，国内的水泥产量基本保持上升势头，从 2006 年的 12.37 亿吨稳步增加至 2014 年的 24.93 亿吨，即使在 2008 年金融危机前后，产量也保持了缓慢上升，只在 2015 年才首次出现负增长。统计还表明，我国水泥产能利用率基本维持在 75% 以下。而且进入 21 世纪以来，国内水泥产能增速与产量增速的年平均比率都超过 3。另一方面，尽管产量在过去 10 年里仍持续上升，但速度已大大放缓，体现为年均增速呈明显下降的走势，图 7-1 中的曲线清楚反映了增速的变化。在"十一五"前三年国内水泥产量增速已经下台阶，从两位数降至一位数，然而受"4 万亿经济刺激计划"的影响，国内基础设施建设和房地产行业迎来新一轮井喷，带动水泥行业产量的短暂复苏，不过在社会总需求和行业盈利水

平等多因素共同作用下，产量增速下滑已不可逆。

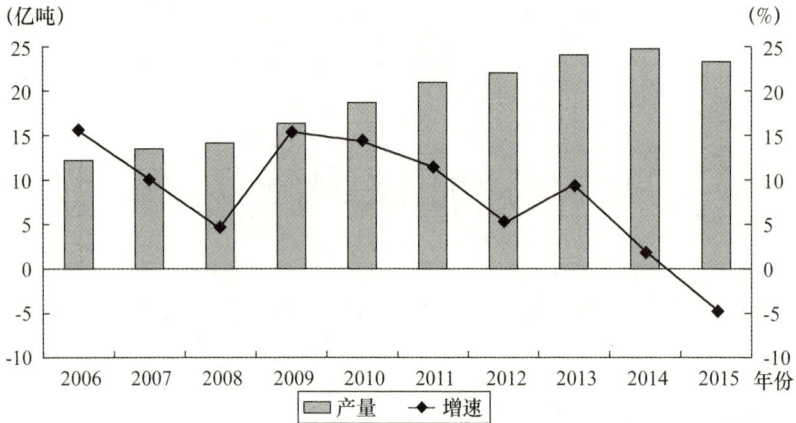

图 7－1　2006～2015 年中国水泥年产量和增速统计

资料来源：Wind 数据库。

2015 年国内水泥行业出现了 25 年来首次大幅负增长，降幅接近 5%。表 7－1 分析了当年国内 6 大区域水泥产量的占比和增速情况。长期以来，我国水泥行业效益区域分化明显，具有"南高北低"的特点。华东和中南地区是我国水泥行业里最成熟的市场，多家行业龙头企业分布于此，两个地区的利润之和占全国总利润的比率一度超过 70%。随着以中国建材集团为代表的大企业加速对西南地区水泥企业的整合，该地区的产量和盈利能力都得到了提高。目前上述三大地区的产量之和超过全国总产量的 2/3。其余三个地区尽管占总产量的比值不足 1/3，但降幅最为明显，其中华北和东北地区均超过了 -10%。6 个地区中只有西南地区维持正增长，占比最大的华东地区降幅超过 5%，令人担忧。

表 7 －1　　　　　　　　　2015 年国内各地区水泥产量统计

区　　域	产量（万吨）	占比（%）	增速（%）
全　　国	234796	100	-4.9
华　　北	19776	8.42	-14.6

区　域	产量（万吨）	占比（%）	增速（%）
华　东	75177	32.02	−5.6
中　南	67242	28.64	−1.7
东　北	11149	4.75	−15.8
西　南	40522	17.26	1.3
西　北	20930	8.91	−7.2

资料来源：国家统计局、中国水泥协会。

（二）需求不足导致水泥行业经营陷入低迷

行业指数是一种可以直观反映行业发展情况的相对数，其中价格指数和景气指数是最常见的两种行业指数。在中国水泥协会和中国水泥研究院等多方共同努力下，目前已建立并定期发布我国水泥行业的价格指数和景气指数。通过分析上述两大量化指标的走势，可以更加清楚地判断水泥行业的发展状况。

中国水泥价格指数的数据来自散装 P.O 42.5 水泥的市场成交价，采集范围包括国内各省的 159 个地级行政区，覆盖了行业内 148 个主要品牌。由于水泥的运输半径短，属于典型的区域竞争产品，因此为保证数据研究的科学性和全面性，中国水泥网除了发布全国价格指数，还按照区域特点同时发布了华北、华东、中南、东北、西南和西北六大区域指数。此外，为了配合国家建设"长江经济带"的国家战略实施，长江流域水泥价格指数也于 2014 年 4 月应运而生。历史经验表明，长江流域的水泥价格波动，对下游的华东和华中尤其是长三角地区的市场都会产生影响。而且与全国水泥价格指数相比，长江流域价格指数除了比前者略高之外，还表现出走势先于前者的特点，有助于企业及时调整生产和采购。目前长江指数的取样范围涵盖了长江流域沿线的上海、江苏、江西、浙江、安徽、湖北和重庆等省份的 26 个地区。

图 7-2 反映了过去三年里我国水泥行业的价格走势。从图中可以看出，价格指数在 2013 年年底短暂登顶后，之后呈持续下滑态势。数据显示，过去三年里全国水泥价格指数的峰值是 116.9（2013 年 12 月 26 日），到 2015 年 12 月底，该指数下降至 79.25，跌幅约 32.2%。期间长江指数从 125.6 降至 74.33，跌幅超过 40%；华北指数从 111.1 降至 81.42，跌幅约为 26.7%；华东指数从 119.83 降至 73.89，跌幅约为 38.33%；中南指数从 125.5 降至 86.39，跌幅约为 31.2%；东北指数从 126.1 降至 93.23，跌幅约为 26.1%；西南指数从 103.08 降至 81.4，跌幅约为 21%；西北指数从 100.05 降至 76.2，跌幅约为 23.8%。总体而言，三年里七大区域价格指数都表现为大幅下降（跌幅均超过 20%），其中有三个指数（长江、华东和中南）跌幅在 30% 以上。"跌跌不休"的产品销售价格不断侵蚀着企业的利润空间。统计表明，2015 年中国水泥行业亏损企业额创历史新高，亏损额高达 210 亿以上，亏损面超过 40%，全国 31 个省份中多达 10 个省出现全行业亏损，行业销售利润率不足 4%，是 2001 年以来最低的一年。

与价格指数相比，中国水泥行业景气指数直到去年 4 月才由工信部和中国水泥网联合正式推出。它是业内第一个、同时也是唯一一个反映行业景气动向的量化指标，由先行指数、一致指数、滞后指数三部分共同组成。数据来源既包括国家统计局和海关总署等政府部门，也有行业协会以及专业的研究网站，充分考虑了指标选取的合理性和代表性。例如先行指数的数据采集来自挖掘机产量、购置土地面积、水泥混凝土电杆和水泥及熟料出口数量等，一致指数的数据采集来自主营业务收入、水泥产量、房屋新开工面积和水泥价格等，滞后指数

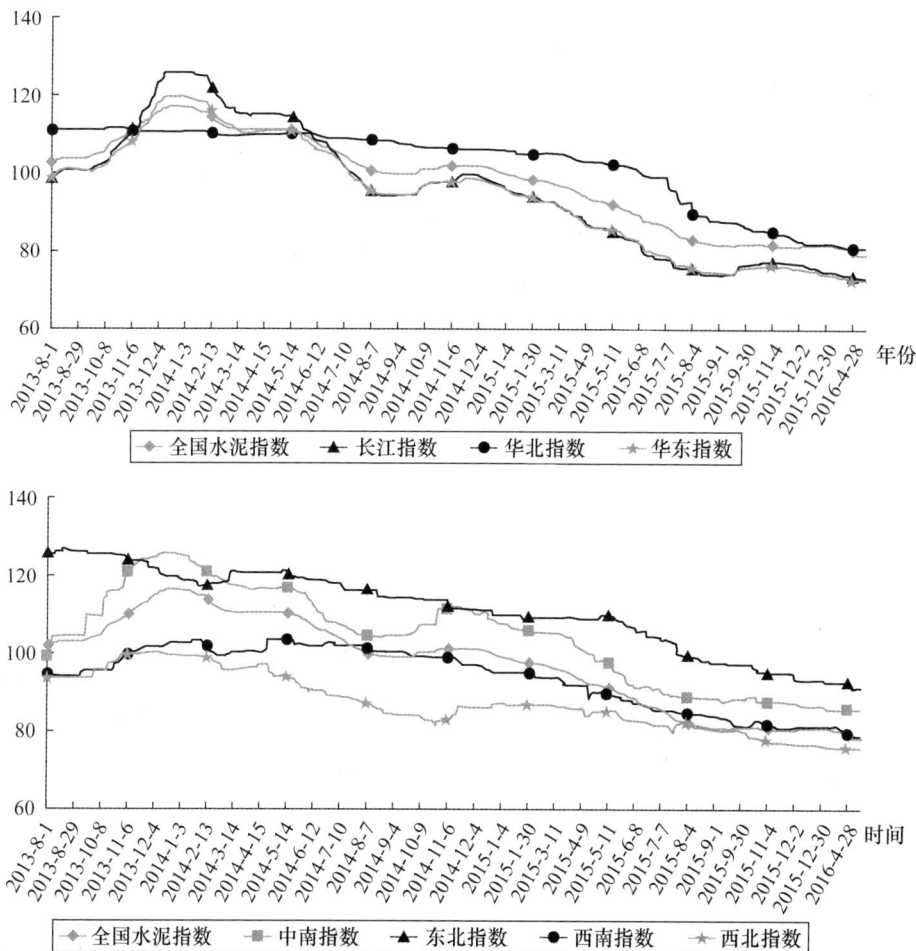

图 7-2　2013~2015 年中国水泥行业价格指数

资料来源：中国水泥网。

的数据采集来自产成品存货、PPI、流动资产平均余额和动力煤价格等。和价格指数每天公布的频率不同，景气指数每月公布一次，基期是 2011~2013 年的平均水平。统计表明，先行指数走势先于一致指数 9 个月，一致指数走势先于滞后指数 5 个月，如图 7-3 所示。

从图 7-3 中不难发现，先行指数从 2014 年年初起就进入了新一轮的下降通道，2015 年 3~4 月间降幅有过短暂的平稳，之后 6 月起继续加速下滑。结合上文中提及的先行指数和一致指数的历史相关关

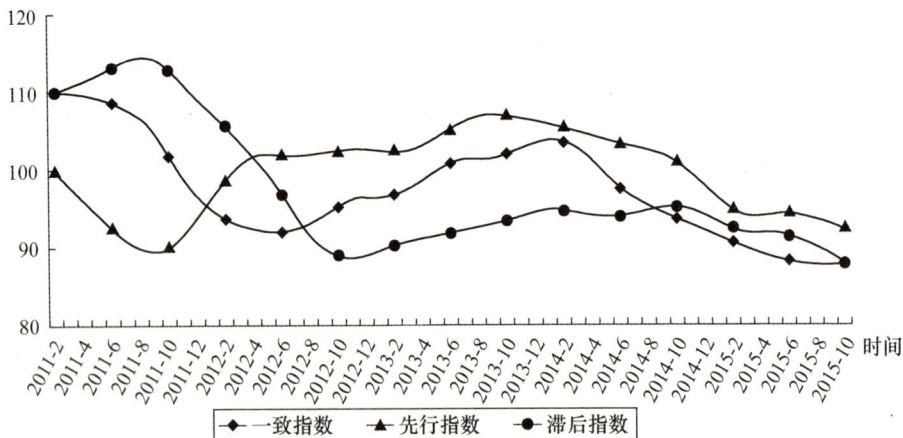

图7-3 2011～2015年中国水泥行业景气指数

资料来源：中国水泥网。

系，可以大胆推断，2016年上半年国内水泥行业极可能陷入低迷状态，短期内难以看到反弹的迹象。

（三）水泥行业发展与基础设施和房地产投资紧密相关

世界发达国家和地区的发展经验表明，一个地区水泥的需求或者消费量与当地的经济发展阶段密切相关：当该地区处于发展初级阶段，为满足经济建设的需求，水泥产业获得较快发展，行业中企业数量不断增加；当经济发展进入高速增长期之后，在社会大规模建设和众多投资项目的拉动下，水泥需求激增，水泥行业的产量和产能都会进入快速上升期，并最终达到水泥需求的饱和点；一旦该地区经济进入成熟期之后，水泥需求量也会逐步下降，并最终趋近于一个常量。

长期以来，在推动中国经济发展的三驾马车里，投资和出口的贡献度要超过消费。基础设施、制造业和房地产开发是固定资产投资的三大领域，长期以来三者投资规模合计约占总投资的3/4，因此基本决定了投资的总体走势。表7-2统计了过去10年里我国城镇固定资产投资、房地产开发投资、基础设施投资以及水泥投资这四项指标的增速情况。

从表7-2中可以看出，与"十一五"时期相比，"十二五"时期我国各类主要投资指标均出现滑坡，由此造成中国经济总体增速下台阶，实现从高速增长向中高速增长的过渡，进入"新常态"。"十一五"期间，我国城镇固定资产投资增速始终保持在20%以上，并在2009年达到顶点（突破30%），之后一路下滑，继2013年跌破20%的关口后，2015年勉强守住10%；而房地产开发投资和基础设施投资的表现也类似，"十一五"期间的平均增速大体是"十二五"期间的一倍以上。受上述因素的影响，全国水泥固定资产投资增速出现了塌方式下滑。2008年和2009年的投资增速曾连续超过60%，但2010年骤降至3%左右，之后持续徘徊在负增长区间。与水泥产量增速相比，投资增速远远高于前者，"十一五"期间两者年均比率高达5.53。过快投资增长带来过度产能扩张，一旦市场需求骤降，就非常容易出现产能过剩。

表7-2　　　　2006~2015年我国主要经济投资指标数据统计　　　　单位:%

年　份	城镇固定资产投资增速	房地产开发投资增速	基础设施投资增速	全国水泥投资增速
2006	24.5	21.8	19.1	-6.3
2007	25.8	30.2	15.5	30.5
2008	26.1	20.9	22.3	60.8
2009	30.5	16.1	42.2	61.8
2010	24.5	33.2	18.9	3.2
2011	23.8	27.9	2.5	-18.0
2012	20.6	16.2	16.1	-4.2
2013	19.6	19.8	21.2	-3.6
2014	15.7	10.5	20.3	-19.0
2015	10.0	1.0	17.3	*

注：表中"＊"代表2015年全国水泥投资完成额数据缺失。

资料来源：国家统计局。

(四) 我国水泥消费即将接近饱和

关于如何判断国内水泥行业发展是否已处于饱和阶段,一方面可以结合世界上典型工业化国家和地区的历史经验数据,另一方面也应当结合中国发展的国情具体分析。

表7-3总结了德国、法国、日本、韩国、美国以及中国台湾等国家和地区水泥消费峰值年份时的统计数据,希望为本书的判断提供参考。国际上对水泥消费峰值判断的通用指标是"人均年消费量"和"人均累计消费量"。从表7-3中可以看出,在达到峰值的年份,典型国家和地区的人均年消费量差异较大,最低的如美国,不足500千克,最高的是中国台湾,超过1300千克。与之相对的是,"人均累计消费量"指标在达到峰值的年份各国和地区数据分布相对集中,处于18~22吨的区间。数据显示,2015年中国人均年消费量接近2000千克,人均累计消费量在22吨左右,历史经验表明大体接近峰值。

表7-3   典型工业化国家和地区水泥人均消费峰值统计

国家和地区	消费峰值 年份	人均年消费量 (千克)	人均累计 消费量(吨)	城镇化率 (%)
德 国	1982	800	18	80
法 国	1972	566	19	70.4
日 本	1973	715	20	75
韩 国	1997	1000	21	90
中国台湾	1993	1332	19	80
美 国	2005	432	20	76

资料来源:广发证券发展研究中心。

另一方面,上表在统计部分典型工业化国家和地区水泥消费峰值的年份数据时还特别关注了城镇化率的统计指标。众所周知,工业化和城镇化是推动社会经济发展、拉动项目投资建设的重要抓手。随着城镇居民人数的增加，基础设施和公共服务都需要及时地完成配套，这就提高了水泥消费的潜力。统计表明，当水泥消费达到峰值时，表7-3中被调查的国家和地区中城镇化率最低的是法国，刚突破70%，最高的是韩国，已经接近90%。我国幅员辽阔，东、中、西三大区域发展水平存在较大差异。2015年国内城镇化率是56.1%，略高于世界平均水平[①]。但是当前世界发达国家的平均城镇化率超过80%，与中国处于同等收入水平的新兴市场国家的城镇化率也接近60%。尽管我国城镇化率的增速2011年以来已经处于下滑状态，但是绝对值仍然在上升。随着"十三五"时期各项深化改革政策措施的相继落地，可以预计我国的城镇化率还存在一定的增长潜力。

而且与发达国家相比，我国水泥被广泛应用于基础建设和建筑，国内房屋建筑中高层钢筋混凝土结构所占比例较高，而国土面积中丘陵地形较多，导致修建铁路和高速公路时对水泥的消耗量也更高，所以我国人均消费水泥的标准必然高于发达国家的平均水平。因此有部分国内学者测算我国水泥消费达到峰值时人均累计消费量可能接近25吨，之后进入水泥消费的下降期。

二、我国水泥行业对外转移的原因和困难

国内水泥行业的对外转移目前仍然处于起步阶段，部分行业龙头企业发挥了积极作用。尽管海外投资的时间还不长，但已经积累了较多的经验可供后来者学习。

---

① 《世界城镇化展望报告（2014年）》显示，世界平均城镇化率已达到54%。

（一）产能过剩是推动行业对外转移的主要原因

尽管国内各界对水泥消费是否已接近饱和点尚未达成一致意见，但完全认可水泥行业存在产能过剩的客观事实。早在2009年，国务院办公厅颁布的38号文《关于抑制部分行业产能过剩和重复建设、引导产业健康发展的若干意见》就将钢铁、水泥等行业列入了重点关注对象，要求"对2009年9月30日前尚未开工水泥项目一律暂停建设并进行一次认真清理，对不符合上述原则的项目严禁开工建设"，并要求"各省（区、市）必须尽快制定三年内彻底淘汰落后产能时间表"。然后事实证明，国内部分过剩行业总逃不出"越遏制越过剩"的怪圈，国内水泥产量和产能在2010年后仍缓慢上升。

为此，国务院办公厅2013年再次颁布41号文《关于化解产能严重过剩矛盾的指导意见》，明确指出"钢铁、水泥、电解铝和平板玻璃等行业存在严重产能过剩"，应通过发挥市场机制，"消化一批、转移一批、整合一批、淘汰一批"过剩产能。其中"转移一批"既包括鼓励从东部地区向中、西部地区的转移，也包括鼓励部分行业龙头企业把生产线向境外转移。2014年颁布的《国务院办公厅关于支持外贸稳定增长的若干意见》继续明确"鼓励企业采取绿地投资、企业并购等方式到境外投资，促进部分产业向境外转移"。

（二）相关部门的大力支持促使水泥企业"走出去"

国内水泥企业赴境外大规模投资建设生产线始于"十一五"末期，目前在部分地区已初具规模。在龙头企业带动下，国内越来越多的同类企业产生了"走出去"的想法，而且有部分省政府还专门制定了相关支持政策，鼓励企业对外转移。

例如2014年河北省政府相继颁布《关于进一步做好境外投资工作

的实施意见》和《关于印发河北省钢铁水泥玻璃等优势产业过剩产能境外转移工作推进方案的通知》，其中提到将对境外投资项目的各环节开设审批绿色通道，简化审批流程，协调高校有针对性增设小语种专业，积极引进具有国际合作经验的急需人才等措施。同时《通知》里还明确指出，"以冀东发展集团为主，带动河北曲寨水泥集团和武安新峰水泥公司等谋划一批境外投资项目"，这为企业谋划了一条"组团出海"的路径，借助冀东水泥之前海外投资的经验，本省同类企业可以避免"走弯路，交学费"。

（三）较高的利润率吸引越来越多的水泥企业海外布局

在 2014 年之前很长一段时间里，我国国内水泥消费的增速大体高于海外市场，然而 2014 年却发生了逆转。与此同时，2014 年以来国内水泥产品价格的持续下降压缩了众多企业的利润空间，行业亏损面不断扩大。截至 2015 年 11 月底，国内水泥行业亏损企业额达到历史新高的 202 亿元，同比增长 128%。行业盈亏企业相抵后实现利润仅 270 亿元，同比下降 61.29%。行业销售利润率仅为 3%，创下 21 世纪以来的新低。尽管国内市场盈利惨淡，但海外市场仍然充满生机。

目前国内水泥企业海外投资的主要区域分布基本集中在东南亚、中亚和非洲等重点地区。据统计，2014 年海外十大水泥消费国贡献了海外消费总量的一半左右，主要集中在亚洲（印度、土耳其、印尼、沙特、越南、日本）、美洲（美国、巴西）、欧洲（俄罗斯）和非洲（埃及）。专业机构预测，上述十国未来 5 年内的水泥需求可能会保持年均 5% 以上的增长，因此非常值得投资。

事实上，关于海外市场和国内市场的水泥生产销售利润率比较，部分率先"走出去"的企业最有发言权。根据冀东水泥公司管理层的测算，在海外同等产量水泥的利润率可能会达到国内的 6 倍，即"海外 1000 万吨水泥产能可实现年利润 18 亿元，而国内形势最好的时候，冀东水泥年产量 6000 万吨，实现利润同样是 18 亿元"①。相信在高额利润率吸引下，国内会有更多的水泥企业将生产线布局到海外。

（四）相关经验不足制约了国内水泥企业的海外投资

2010 年 10 月，冀东水泥公司联合中非发展基金在南非建设水泥生产线的项目获得了国家发改委核准，标志着我国水泥企业首次在境外投资建设生产线。在此之前，水泥企业的海外投资都是以承包工程为主，并没有经营水泥厂的经验。事实上，尽管 5 年多的时间里，先后有海螺水泥、华新水泥、冀东水泥、同力水泥和红狮水泥等十余家国内有实力的企业陆续在海外投资建设了生产线，但是与国内现有的产能相比，海外的产能总量尚不足 5%。

一方面，海外经营时间不长、相关经验欠缺的短板制约着首批"走出去"的龙头企业。例如由于赴境外投资的水泥企业大多资本雄厚、产能巨大，所以部分国家政府为了保护本国企业的利益，往往会在相关的直接投资政策里设置特别条款，必然影响到中资企业的投资进程。而且我国水泥企业投资较为集中的东南亚和非洲等地区，常常面临基础设施不完善、政局动荡、货币贬值等危险，这都需要企业管理层有充分的预案以应对各种突发事件。

另一方面，目前开展海外投资的国内水泥企业基本"各自为战"，很少有两家以上的企业赴同一个国家投资，造成企业间不仅缺

---

① 王成果，"冀东水泥之花　盛开彩虹之国"，《河北日报》，2015 年 9 月 21 日。

少业务合作，也失去了信息和经验共享的可能性，增加了海外投资的风险。

【专栏7-1】　　国内部分水泥企业海外投资典型案例

目前国内在上海、深圳和香港等证券交易所挂牌上市的水泥企业共有23家，包括7家央企、6家国企、9家民企和一家中外合资企业，它们代表了我国水泥行业的中坚力量，具备了走出国门、境外投资的实力。以下选择海螺水泥（民企）、中材国际（央企）、冀东水泥（国企）和华新水泥（中外合资）四家企业案例，详细阐述它们的海外发展历程。

1. 海螺水泥

海螺水泥公司成立于1997年，是世界上最大的单一品牌供应商，主要从事水泥及商品熟料的生产和销售。该公司是国内水泥行业首家境外上市的企业，并于2002年在上海证券交易所挂牌交易。依靠资本市场便利的融资渠道，海螺水泥完成了对国内众多同行企业的并购，逐步成长为水泥产能亚洲第一、世界前列的行业巨无霸。2015年上半年，公司实现营业收入约240亿元，利润总额超过60亿元。经过几年的准备，公司于2011年下半年开启了海外投资，首站选在了东南亚的印尼。经历了三年半的时间，第一条生产线建成投产，创造当地同类工程建设的记录。在印尼项目成功的基础上，海螺水泥又相继投资了缅甸皎施项目和曼德勒水泥工厂、码头项目，老挝琅勃拉邦、万象水泥项目，柬埔寨马德望水泥项目等。

"十三五"期间，公司的海外产能目标在5000吨左右，资本开支100亿美元左右，在国内产品价格持续下降的情况下，提前布局海

外市场能为公司获得持久的利润增长点，同时也为国内的过剩产能提供了较好的转移渠道。

2. 中材国际

与国内其他水泥生产企业不同，中国中材国际工程股份有限公司（简称"中材国际"）的主要业务是提供全套大中型新型干法水泥生产线的研发、设计、制造、工程建设总承包系统集成服务。它是一家大型科技型企业，依靠提供体现产业链完整优势的EPC服务走向国际市场。

作为国内水泥技术装备业的排头兵，中材国际公司自2002年组建以来就将海外市场作为了公司的主战场。2005年启动了国际化战略，经过10年左右的时间，公司的海外工程承包业务遍及70多个国家和地区，海外市场占有率超过40%，2008年起连续高居全球第一。另一方面，公司通过技术装备和劳务输出，带动了国内的水泥产品出口，而且在推动我国成为全球现代化水泥装备最大出口国的过程中也发挥了重要贡献。

3. 冀东水泥

冀东水泥公司是我国北方地区规模最大的水泥上市公司，早在1996年就在深圳证券交易所挂牌交易，以著名的"盾石"牌硅酸盐水泥为主导产品。目前公司拥有53条新型干法熟料水泥生产线，水泥年产能1.25亿吨，位居国内三甲、国际前七。2014年公司实现营业收入156.65亿元，生产水泥7242万吨，销售水泥7250万吨。

与国内其他水泥企业选择中亚或东南亚作为境外投资的第一站不同，冀东水泥公司管理层将海外投资的第一个项目选定为南非境内的曼巴水泥。项目从2010年开始启动，2014年1月完成融资，2015年2月建设完成。期间创造了多项纪录：一是该项目不仅是公司海外投资的第一个项目，也让公司成为在当地投资最大、生产水平最先进的中资水泥企业；二是该项目放弃了中资企业对外投资时大多采取的"内保外贷"融资方式（即由母公司提供担保，国内银行向境外公司发放贷款），创造性地实现了"项目融资"方式（即用拟建项目未来的现金流和投资形成的资产向当地银行提供担保，由当地银行发放贷款），完成了中国企业首次成功在海外制造业完成项目融资的创举；三是该项目完成了人民币首次海外直接投资，有效推动了人民币国际化道路；四是公司通过曼巴水泥项目为当地带去最先进的节能环保技术，获得了南非政府一次性约8300万元的现金和税收减免，这也是当地的中资企业首次获得政府颁发的奖励。

通过曼巴项目积累的海外投资经验，公司已经和计划在东南亚的缅甸，非洲的赞比亚、莫桑比克、加纳、贝宁和乌干达等地投资建设至少100万吨产能的水泥生产线。公司还将南美洲的巴西、秘鲁以及中东欧的波兰、塞尔维亚等国家都纳入了未来产业转移布局的考虑。预计到2017年，公司的海外产能能达到1000万吨，圆满完成河北省政府《关于印发河北省钢铁水泥玻璃等优势产业过剩产能境外转移工作推进方案的通知》里制定的预期目标。

4. 华新水泥

华新水泥公司始创于1907年，被誉为"中国水泥工业的摇篮"，早在1994年就成为中国建材行业里第一家A、B股上市公司。目前公司在全国10个省市和海外拥有各类工厂100余家，总资产达260余亿元，销售收入达160亿，员工总数14000人，水泥年产能突破7000万吨（2014年数据）。

"十一五"末期，随着国内水泥行业出现产能过剩现象，公司采取了"国际化"的转型策略，它是指从2011年起在塔吉克斯坦投资1亿美金建设年产100万吨水泥和90万吨熟料的生产线。2013年年底，上述生产线顺利建成并投产使用，并于次年实现盈利。2015年上半年，塔吉克斯坦的项目实现收入3.6亿元、净利1.2亿元。之后公司还在当地相继启动了第二期（计划于2015年年底完工）和第三期（计划于2016年年底完工）生产线的建设。

在中亚获得投资成功的同时，公司还将东南亚作为海外战略布局的另一个目标，并从2014年起分两次收购了柬埔寨当地的CCC水泥公司，目前持股比重高达68%，实现了绝对控股。随着公司海外项目的巨大成功，海外业务的比重从过去的1.5%骤增至6%左右。2015年末，公司宣布将启动哈萨克斯坦的投资项目，该项目将采用当地丰富的天然气资源替代燃煤来生产水泥，届时将对于企业节能减排、减低生产成本发挥积极作用。相信随着公司海外项目的不断拓展，海外业务比重很快能突破10%的大关，有效缓解国内盈利水平下降的制约。

除了上述4家龙头企业，目前国内水泥企业里已在境外外完成多条生产线大规模投资建设的还有红狮集团和上峰水泥等部分知名企业。

前者是中国民营500强和中国制造业500强企业，目前产能在8000万吨以上，名列2014年中国民营建材企业100强榜首。红狮集团选择了东南亚地区作为境外转移的目的地，目前已建设和拟建设的生产线包括老挝的日产5000吨水泥生产线和缅甸、尼泊尔、印尼三国共计7条日产6000吨或8000吨项目新型干法水泥生产线。一旦建成，红狮集团在海外水泥产能将达2000万吨。上峰水泥是9家上市的民营水泥公司之一，产能总体规模在全国同行中排名中游，在民营企业里排名前五。不过公司在运营成本控制和人均盈利方面表现在行业中非常突出，其第二大股东是中国建材。上峰水泥的海外投资起步较晚，2014 年初公司响应国家"一带一路"战略，将中亚地区作为境外生产线的布局目标，先后投资了 7.3 亿元和 6.7 亿元建设塔吉克斯坦的 3200t/d 熟料水泥生产线和乌兹别克斯坦的 3200t/d 熟料水泥生产线，计划建成东道国规模最大、工艺最先进、能耗最低且最环保的高水平水泥熟料生产线项目，期望为公司在中长期带来稳定的收入和利润。

三、加快水泥业对外转移，化解过剩产能的政策建议

"十二五"期间，水泥行业与钢铁、电解铝、平板玻璃等行业共同被列为典型的产能过剩行业。尽管相关部门相继出台了许多政策，但是仍然未能遏制住其产能的继续增长。事实上，应当在"执行"和"机制"上做文章，注重部门间政策的协调性，发挥"组合拳"的功效，才能推动政策落实。

（一）政策"多管齐下"，化解国内过剩产能

早在国办 2013 年下发的 41 号文里，就为化解过剩产能指明了方向，即"四个一批"（消化一批、转移一批、整合一批、淘汰一批）。然而，一方面部分地方政府为了改善财政状况，继续鼓励当地水泥行业的投资行为，另一方面部分水泥企业拒绝执行行业的停窑协同，私自投产新产能，导致 2013～2015 年期间国内水泥产量仍呈缓慢增长的态势，水泥产品价格持续下降，全行业盈利水平恶化。

下一步应当重视发挥政策"组合拳"的功效。一是坚决关停小

型、高污染的水泥生产企业，决不允许"死而复生"。二是采取差别电价方式，对暂不符合关闭条件的小型水泥厂实现高电价，增加成本加速淘汰。三是开展取消32.5等级水泥生产的全面检查，促使单纯生产该标号的小水泥厂全面退出市场。据估计，如果该标号水泥能淘汰彻底，国内水泥产量有望减少约2亿吨。四是切实执行以绿色发展为核心的政绩考核体系，引导地方政府建立科学的招商引资理念。

（二）依靠市场机制，鼓励企业"抱团出海"

产业转移只是化解过剩产能的手段之一，企业是否愿意转移将受多方面因素影响，如转移成本的高低、新投产项目的回报率、转移区域的政策，尤其是向海外转移时，还需加强专业的经营管理人才储备和东道国的政策信息搜集。其实，影响企业做出产能转移决策的最关键因素是投资回报。因此，产业转移从根本上讲是企业的市场行为，受市场机制的影响，政府可以提供协助和指导，但是不能直接影响企业的决定。

一方面，相关政府部门可以通过简化审批流程、创新金融服务、提供风险警示等方式为企业"走出去"提供帮助；另一方面，还应当通过政策引导，鼓励本地区同行业的企业"抱团出海"，加强企业海外投资中的信息共享，开展生产经营、人才招聘培训、东道国政策学习等方面的深度合作。

（三）加快行业整合，合理布局市场产能

当前国内水泥产品价格下降，投资增速加快下滑，行业整体经营陷入低迷，但这也为行业的加速整合提供了机会。目前行业中前10家

企业的市场集中度达到40%，未来有望进一步提升。事实上，通过并购不仅能够帮助部分区域性中小企业实现有序退出，改善全行业的节能环保水平，增强龙头企业的经营实力，以便更加合理地布局国内、国外两个市场的产能，提高海外投资的回报率，同时还能减少无序竞争，增强行业协同能力，提升产品议价水平。

一是科学研判并购对象，鼓励国内水泥企业跨区域并购，及时做好被并购企业的人员安置工作。二是为企业并购行为提供必要的金融支持，鼓励企业通过资本市场募集并购资金，减少对银行贷款的依赖，避免不必要的坏账损失。三是避免政府通过"拉郎配"直接干预企业的并购，并购完成后还应持续关注企业的生产经营状况，加快新旧企业融合。

第八章

通过跨国并购获取战略性资产的
中国汽车零部件业

汽车零部件业是汽车整车产业的细分，属于制造业范畴，具有产业关联度高、吸纳就业能力强、技术资金密集等特征，是体现国家经济实力的战略性产业，同时也是国民经济的重要支撑，其发展意义不亚于整车制造。由于中国汽车零部件业起步较晚，规模经济尚未形成，国内市场大部分被外国零部件企业占据。据统计，拥有外资背景的汽车零部件厂商已占整个行业销售额的75%以上。同时，汽车零部件业是技术密集型产业，国内企业很难在短时间内通过自主创新升级产品并扩大市场份额。因此，众多国内汽车零部件企业通过海外并购的方式开拓销路、获取先进技术，同时实现国内产能的转移和高新技术的获取。该模式已被越来越多的政府官员、研究学者和企业管理者所认同，它是"走出去"战略和"一带一路"战略的结合与延续。

我国"走出去"战略自2000年实施至今，对外直接投资（OFDI）规模持续提升。到2014年底，我国1.85万家境内投资者以OFDI累计净额（存量）8826.4亿美元，涵盖全球186个国家和地区，设立国（境）外直接投资企业近3万家。2014年中国对外直接投资流量

1231.2亿美元，占全球比重7.64%，占发展中国家比重达23.75%，已经跃升为全球OFDI第三大国。

就汽车零部件业而言，按照实施先后顺序，汽车零部件业"走出去"方式大约有三种。

一是汽车零部件产品的出口。自加入WTO至全球金融危机发生前，我国汽车零部件年均增速超过30%，汽车零部件出口额占汽车商品出口总额已于2005年超过80%，但近年来略有下降。

二是通过整车出口的形式，以带动零部件产品出口。这方面的代表是重庆力帆实业（集团）进出口有限公司、中国重汽集团进出口有限公司、奇瑞汽车股份有限公司、北京福田国际贸易有限公司、安徽江淮汽车股份有限公司和上海吉利美嘉峰国际贸易股份有限公司。

三是跨国并购，直接收购国外零部件企业，一方面将劳动密集型产品通过被并购的外国企业的营销渠道转移销售，另一方面获取该企业的高新技术，在拓宽盈利渠道的同时，充分参与激烈的市场竞争。这方面的代表是潍柴控股集团有限公司、中国航空工业集团公司和中国化工集团公司等。随着"一带一路"国家战略的深入推进，国内必将涌现更多的汽车零部件企业主动走出国门，到更大的国际舞台上参与竞争，发掘价值洼地，整合产业链资源，实现更大盈利。

一、我国汽车零部件业发展的特点和规律

20世纪50年代以来，我国汽车产业政策偏向于发展整车，20世纪80年代后，开始大力推行进口整车国产化，汽车零部件产业处于相对被忽视的地位，同当时我国的经济发展阶段高度相关。在《中国汽车工业产业政策》（1994）推行后，不仅促进了汽车整车的发展，还

将与之相关的完整汽车工业纳入国民经济支柱产业，汽车零部件业迎来了发展的春天。在 2000 加入 WTO 以后，轿车大量进入私人领域，汽车零部件业开始蓬勃发展。

（一）国内汽车零部件业获得充分发展，产业结构调整压力加剧

2014 年中国汽车零部件行业的销售收入达到 2.9 万亿元，同比增长 13%。而 2014 年的汽车零件企业利润表现也明显改善，利润 2150 亿元，较 2013 年增幅 16%。但是国内汽车零部件业的发展未现强劲势头。

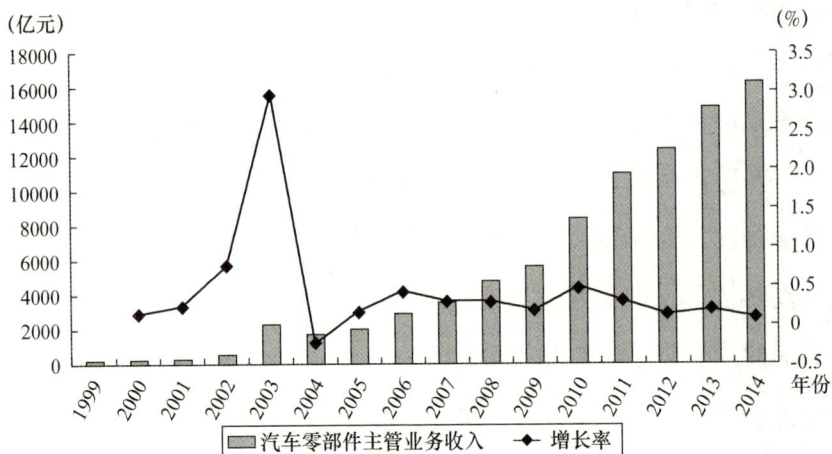

图 8 - 1 1999 ~ 2015 年中国汽车零部件业主营业务收入和增速统计

资料来源：Wind 数据库。

图 8 - 1 反映了 1999 年至 2014 年汽车零部件业主营业务收入及其增速情况。

一方面，从图中可以看出过去 16 年里，国内的汽车零部件业主营业务收入保持强劲的上升势头，从 1999 年的 241.23 亿元迅速增加至 2014 年的 16296.71 亿元，即使在 2008 年金融危机前后，其增速也保持了较为平稳的水平，只在 2004 年出现巨幅波动。

原因在于几个方面共同作用的结果。

一是我国于 2001 年 6 月颁布了《中国汽车工业十五规划》，目标是使汽车产业发展成为国民经济支柱产业，具体行动是要发展经济型轿车，提高汽车及关键零部件的制造水平等。该《规划》为汽车零部件业的发展奠定了基调。

二是我国汽车工业在管理方式上以市场取代计划的制度于 2001 年开始实行，国家经贸委陆续公告了 7 批车辆生产企业和车型，我国汽车工业的管理正从当时的"目录制"转变成"公告制"。

三是加入 WTO 之后促进了汽车零部件进出口贸易，激励了国内生产企业大力发展相关产业，使得汽车零部件业主营业务收入在 2002 至 2003 年间超 3 倍增长。然而随着国内需求释放的滞后效应，这种供给侧突然提升的交易量并没有持续，仅相隔一年，断崖似的回落至最低点，在海关总署、国家发展改革委、商务部关于执行《汽车产业发展政策》有关问题的公告（2005 年 9 月 14 日）后，汽车零部件业主营业务收入开始稳步上升。同时，这也是图 8 - 2 中汽车零部件工业增加值增速突然增加的可能解释。

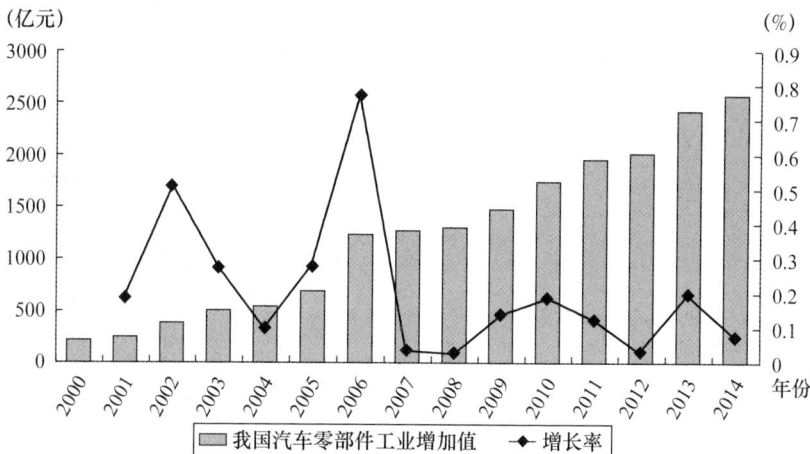

图 8 - 2　2000 ~ 2014 年中国汽车零部件工业增加值和增速统计

资料来源：Wind 数据库。

另一方面，尽管主营业务收入在过去16年里保持上升态势，但增速却保持相对稳定状态，甚至从2010年起，增速呈明显下降的走势。

图8-1中的折线清楚反映了增速变化，图8-2中汽车零部件工业增加值也展示了同样的变化。可能的原因是北京于2010年12月23日公布了《北京市小客车数量调控暂行规定》，成为国内首个发布汽车限购令城市。此后广州对中小型客车进行配额管理（2012年6月30日），天津市在全市实行小客车增量配额指标管理（2013年12月15日），深圳市在全市实行小汽车增量调控管理（2014年12月29日）。主要发达城市相继对汽车限购，直接给予汽车零部件业负面影响。

图8-1和图8-2中汽车零部件业主营业务收入和增加值的增速在2007年后趋于平稳，表明我国汽车零部件业进入稳定增长时期，但增速总体呈下降趋势，加剧了产业结构调整的压力。

（二）汽车零部件产业正值调整与变革期

从行业发展态势看，今年汽车零部件产业汽车零部件产业正值调整与变革期。自主零部件企业加快步伐转型升级，加速推进企业向专业化、国际化、品牌化发展；外资零部件企业在加强本土化的同时，大力度推广智能汽车领域的创新技术。此外，培育新能源汽车和智能汽车关键零部件更是被纳入国家战略层面。政府、学者和企业家均意识到零部件创新是汽车产业发展的原动力。国家正在重点培育一些有基础、研发能力较强、企业战略明确、资金实力及产业集成能力强的企业。但是，从研究与发展经费支出、毛利率和科研人力资源投入角度看，目前汽车零部件业的创新能力较弱（见图8-3、图8-4和表8-1）。

（亿元）

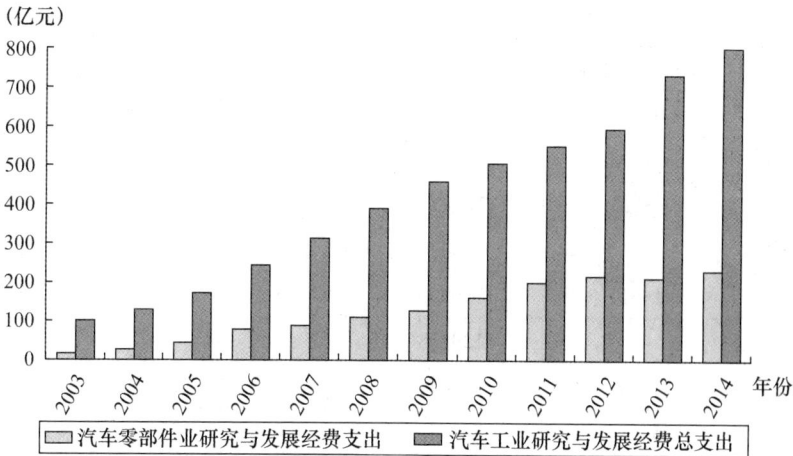

图 8 - 3　2003 ~ 2014 年我国汽车零部件业与汽车工业研发经费支出

资料来源：Wind 数据库。

（%）

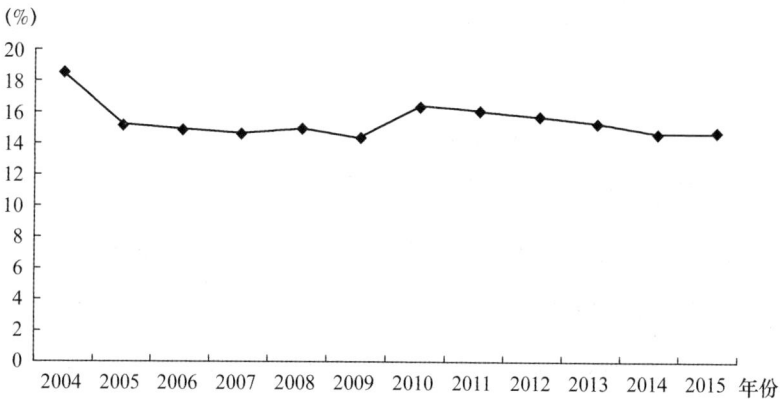

图 8 - 4　2004 ~ 2015 年我国汽车零部件业毛利率

资料来源：Wind 数据库。

表 8 - 1　2000 ~ 2014 年我国汽车零部件业科研人力资源投入情况

年度	汽车零部件业年末从业人员数（人）	汽车零部件业年末技术人员数（人）	占比（%）	汽车零部件业研究与发展人员数（人）	占比（%）
2000	572592	59530	10.40	—	0
2001	600317	63650	10.60	16891	2.81
2002	621295	67858	10.92	18813	3.03
2003	657195	72583	11.04	23394	3.56
2004	726982	85866	11.81	28176	3.88

续表

年度	汽车零部件业年末从业人员数（人）	汽车零部件业年末技术人员数（人）	占比（%）	汽车零部件业研究与发展人员数（人）	占比（%）
2005	792943	93314	11.77	46921	5.92
2006	948568	106811	11.26	40600	4.28
2007	983540	113431	11.53	46011	4.68
2008	1018511	120050	11.79	51422	5.05
2009	1044295	129838	12.43	62415	5.98
2010	1073992	148877	13.86	71634	6.67
2011	1054484	251443	23.85	103881	9.85
2012	1039203	261484	25.16	112179	10.79
2013	1676374	210718	12.57	102955	6.14
2014	1728341	245407	14.20	104293	6.03

资料来源：Wind 数据库。

从研究与发展经费投入角度看（见图 8-3），2003~2010 年，我国汽车零部件业研究与发展经费投入较大，增长较快；2010 年汽车零部件业研究与发展经费支出达 163.4 亿元，是 2003 年的近 8 倍。同期汽车工业研究与发展经费总支出也处于高速增长阶段。然而，2011~2014 年，汽车零部件业研究与发展经费投入不再增长，维持在 210 亿元规模，但同期汽车工业研究与发展经费总支出却持续增长，汽车零部件业研究与发展经费投入占比降低。

从汽车零部件业的毛利率角度看（见图 8-4），十年来几乎无变化，始终处于 15% 的平均水平；仅在 2010 年略有提高，但逐渐降至平均水平。数据表明，我国汽车零部件业的创新投入在持续增加，但效果不明显。

从我国汽车零部件业科研人力资源投入角度（见表 8-1）看，汽车零部件业年末技术人员自 2000 年至 2008 年间占汽车零部件业总从业人员比例始终保持在 10% ~ 11% 之间。2009 年全球金融危机爆发后，随着我国汽车零部件企业海外投资、并购规模和数量剧增，行业重新洗牌，我国企业为了提升研发实力，扩大了对技术人员占比。2012 年我国汽车零部件业技术人员占比高达 25.16%，创历史新高，但在 2013 和 2014 年迅速回落。我国汽车零部件业研究与发展人员数与技术人员的发展略有差异，自 2001 年至 2008 年间研究与发展人员占比稳步上升，由 2.81% 提升至近 6%；同样在金融危机后有大比例的提高，2012 年研究与发展人员占总从业人员比例为 10.79%；随后在 2013 和 2014 年降至金融危机前的 6% 水平。数据表明，我国汽车零部件业的创新投入在持续增加，但效果不明显。

造成这种情况的原因是主要有 5 个。一是技术创新能力弱，研发手段不完善，独创成果少；二是产品附加值、科技含量和价格低，缺乏有竞争力的拳头产品；三是与世界先进制造企业相比，制造工艺水平有一定差距；四是产品单位能耗高，品牌认可度不高；五是人才队伍不合理，高端人才和基础应用人才不足。

然而，全球汽车零部件业正在发生深刻变化。

第一，多技术、多产业与零部件融合发展。参与零部件行业的技术种类越来越多，新进资本和企业与传统零部件融合发展，零部件与整车企业更加协同发展，越来越多的信息、智能、电子技术甚至动力系统的变革，都为汽车零部件产业的发展带来新动力。

第二，互联网的快速应用，使未来汽车成为另一个移动空间。传统汽车行业的价值链是线性的，从前期研发到售后服务是由整车企业主导的，但未来移动空间的产品价值链上，整车及零部件企业均在一个平台上合作，共同为客户提供更好的体验。

第三，创新驱动转型升级。2015 年新能源汽车、智能汽车技术快速发展，使汽车零部件研发、生产、服务高技术化和智能化。

（三）汽车零部件业发展与整车和制造业投资紧密相关

长期以来，我国汽车产业政策偏向于发展整车，20 世纪 80 年代又着力对引进的国外车型进行国产化，汽车零部件产业处于相对被忽视的地位。1994 年我国制定《中国汽车工业产业政策》将汽车工业列为国民经济支柱产业，中国汽车工业迎来了宝贵的发展机遇。2000 年以后轿车开始大举进入家庭，汽车工业迎来了大发展时期。

世界发达国家和地区的发展经验表明，汽车产业是一国经济发展的支柱，在国民经济中占据重要地位，如图 8 - 5 所示。2014 年我国汽车工业总产值高达 2.71 万亿元，占 GDP 比重为 4.26%；汽车工业增加值超过 9000 亿元，占 GDP 比重为 1.44%。自 2002 年汽车工业增加值超过 1% 以来，其比重保持在 1.2% 至 1.6% 之间。2000 年我国汽车销量为 208 万辆，2014 年达到 2349 万辆；我国汽车保有量从 1998

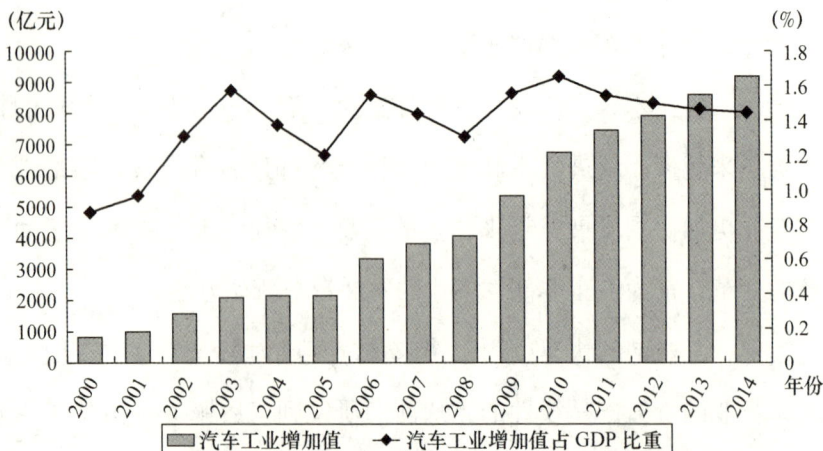

图 8 - 5　2000 ~ 2014 年我国汽车工业历年工业增加值

资料来源：Wind 数据库。

年的 1319 万辆增长到 2015 年底的 17200 万辆。伴随着汽车产销量及保有量的快速增长，汽车零部件业在整个汽车产业中的占比迅速提高。2014 年我国汽车零部件业工业总产值为 10094 亿元，占整个汽车产业比例为 37.26%；汽车零部件业工业总产值是 2000 年的近 16 倍，占汽车产业比例较 2000 年提高了 6 个百分点（见图 8-6）。

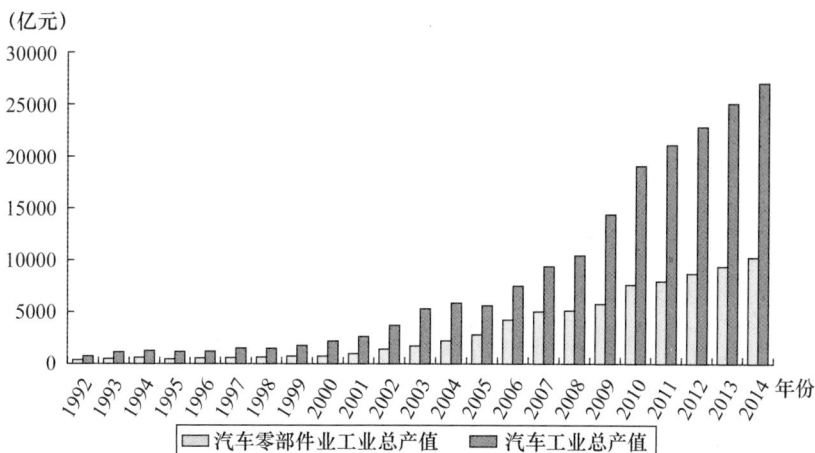

（亿元）

图 8-6　1992~2014 年我国汽车及汽车零部件业工业总产值

资料来源：Wind 数据库。

年的 1319 万辆增长到 2015 年底的 17200 万辆。伴随着汽车产销量及一国整车产业的发展通常会带动汽车零部件产业的发展，同时也与该国的制造业投资密切相关。如图 8-7 所示，汽车零部件业工业增加值的增长与整车产业工业增加值的增长具有协同性，两者于 2003 年开始提升工业增加值，至 2006 年有加速增长趋势，并保持至 2010 年。由于此时全国发达城市陆续开始限购汽车，使得汽车工业增加值增速放缓。受汽车工业影响，汽车零部件业增加值的增长亦开始减速。然而，在 2010 年之前，我国制造业投资走势基本与汽车工业增加值相似，但在 2010 年后，制造业投资的走势迅速与汽车工业增加值相背离，制造业投资仍然保持高速增长，汽车工业和汽车零部件业的发展保持一种相对稳定的状态。

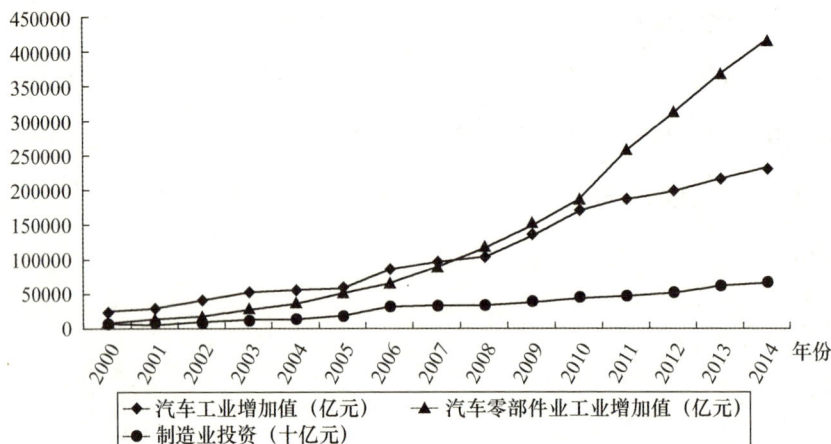

图 8 - 7 2000 ~ 2014 年我国汽车零部件业与汽车工业、制造业投资关系

资料来源：Wind 数据库。

（四）对汽车零部件产业的发展应保持谨慎乐观

申银万国汽车零部件行业指数和汽车整车行业指数是申万股价系列指数旗下，接受交银施罗德基金公司委托定制的一只价格指数，基于申万行业分类标准编制，用以表征整车及零部件板块的整体股价变化。股票市场的走势是对实体经济的反映，上市公司的股价具有一定的前瞻性，由于中国实施的是上市审批制，因此汽车整车和零部件企业能够代表行业的领先水平。通过分析上述两大量化指标的走势，可以更加清楚地判断汽车整车及零部件行业的发展状况及趋势。

据图 8 - 8 显示，2000 ~ 2006 年，汽车零部件行业指数总体上处于下降通道，该时期市场相对重视对汽车整车的投资，在汽车整车吸引了大量的投资之后于 2004 年末回归了同汽车零部件指数相似的走势。2007 年的大牛市造就了汽车整车和零部件行业的天量投资规模，但汽车零部件行业没能达到汽车整车的高度。二者同样在 2008 年的股市快速下跌中回到了起点。2008 年我国推出 4 万亿的投资刺激政策，然而股指尚未回到历史高点，但却突显了汽车产业的投资价值。2008 年末至 2009 年末，汽车零部件和汽车整车行业指数均反弹至前期最高点，在随后股市的进一步调整中仍保持强势，此时汽车零部件行业指数仍弱于汽车整车，差距较大。2008～2014 年我国汽车产业正值高速发展时期，股票市场的强势得已印证。自 2014 年 7 月启动的结构性牛市中，汽车零部件和汽车整车行业指数均突破前期高点，创造了新的投资规模。该轮投资热潮使汽车零部件行业指数一度超越汽车整车，与该产业发展思维的转变有直接联系。随着德国"工业 4.0"和我国"制造业 2025"的相继提出，汽车零部件业的发展受到了前所未有的重视，同时汽车需求的下降以及整车行业市场的低迷使汽车零部件业实现了指数上的超越。

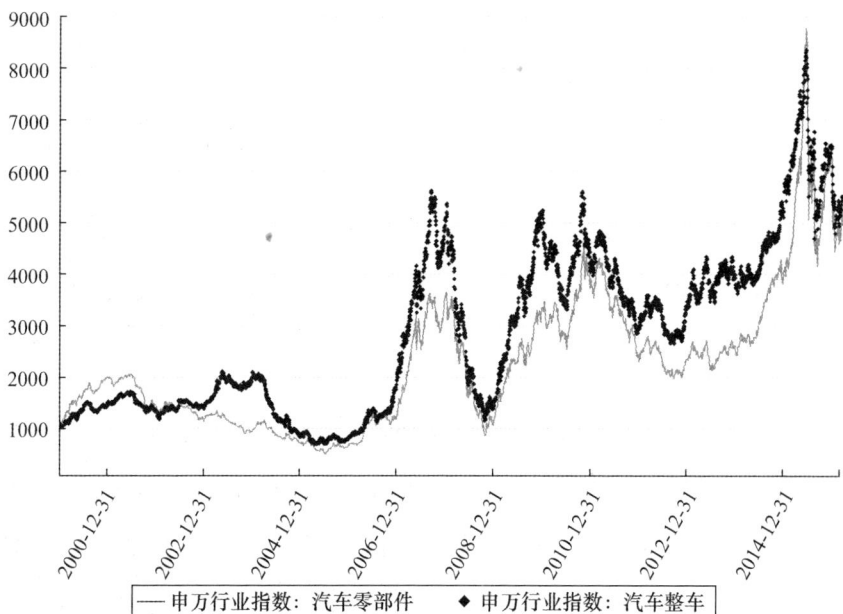

图 8－8　2000 年 1 月～2016 年 3 月年汽车零部件业与汽车整车申万行业指数
资料来源：Wind 数据库。

　　2015 年上半年，汽车零部件企业在营业收入增速缓慢甚至下滑的情况下，仍能实现销售额上涨，业绩稳步上升，普遍好于整车企业。然而，汽车零部件业的发展仍以整车为依托，在目前赶超的情况下，只有提升汽车整车的景气指标才能更好地发展汽车零部件业。此外，根据汽车零部件申万行业指数市净率测算（见图8-9），汽车零部件业仍处于市净率底部区域，远低于2007年的历史高位，极具投资价值。因此，对汽车零部件产业的发展应保持谨慎乐观。

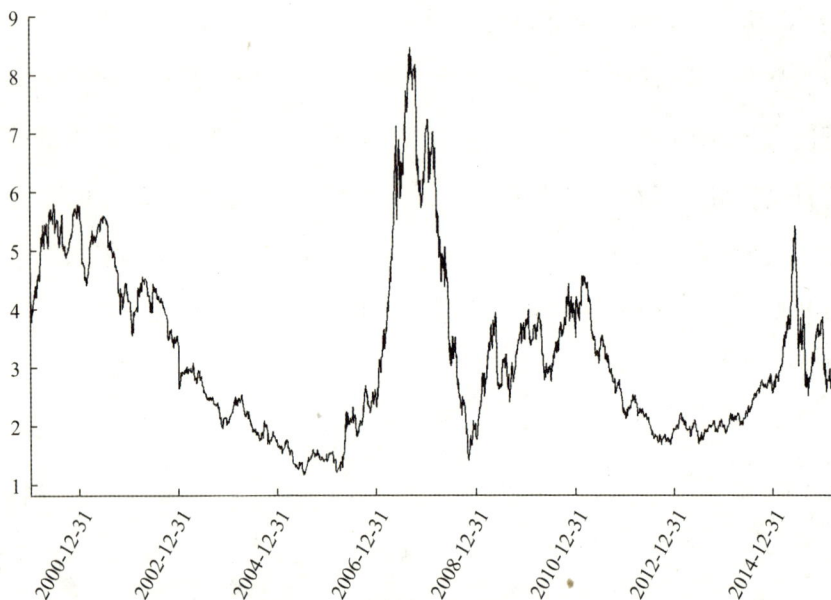

图8-9 2000年1月~2016年3月年我国汽车零部件业申万行业指数市净率
资料来源：Wind数据库。

（五）我国汽车零部件业消费需求潜力巨大

虽然国内北京、天津、上海和深圳等发达城市对汽车购买进行限制，其负面影响也作用于汽车零部件业，降低汽车零部件业的增长率，但这只是城市化进程中的一个阶段。一方面可以结合世界上典型国家的历史经验数据，另一方面也应当结合中国发展的国情具体分析，例如采用每千人汽车保有量来分析汽车零部件的消费需求潜力。

如表8-2所示，美国、日本和英国的每千人汽车保有量均约为450辆，除美国近年来每千人汽车保有量持续下降以外，日本和英国的保有量均有所上升，德国每千人汽车保有量最高，2011 年高达 530 辆。与中国经济发展水平较接近的韩国、巴西和俄罗斯的每千人汽车保有量也处于较高的 170～280 辆区间，其中韩国每千人汽车保有量超过了巴西和俄罗斯，2011 年已经达到了 283 辆。

中国每千人汽车保有量较低，2011 年每千人汽车保有量仅为 53 辆，不及韩国的 20%、不及巴西的 30%。虽然从 2003 年起我国汽车产业获得了长足且高速的发展，然而，与我国经济高速增长的现状尚存差距。因此，汽车产业对于我国尚属朝阳产业，与之高度相关的汽车零部件业发展潜力巨大。

表8-2　　　　　　　　　典型国家每千人汽车保有量　　　　　　　　单位：辆

年份	中国	美国	日本	韩国	英国	德国	巴西	俄罗斯
2003	10.00	468.00	434.00	215.00	440.00	541.00	131.00	165.00
2004	17.00	466.00	441.00	221.00	451.00	487.00	136.00	168.00
2005	19.00	462.00	447.00	231.00	457.00	493.00	141.00	179.00
2006	18.00	453.00	450.00	240.00	459.00	498.00	148.00	188.00
2007	22.47	451.26	450.11	248.98	459.12	500.61	157.28	206.93
2008	27.14	450.78	450.66	255.04	458.70	503.24	167.35	225.58
2009	34.49	439.67	452.21	264.81	456.23	509.60	178.72	233.13
2010	43.82	423.12	454.32	275.89	456.47	517.28	—	—
2011	53.60	403.27	454.86	283.98	453.70	530.96	—	—

资料来源：Wind 数据库。

（六）我国汽车零部件业出口增长较快

汽车产业向以中国为代表的发展中国家转移为趋势，在转移过程中，国际大型零部件公司进入我国市场进行布局，通过建立合资或独资企业，利用其经营规模大、技术实力强和丰富的跨国经营经验，快速抢占市场份额，如德国博世、ZF 公司、美国德尔福、TRW、日本电装、爱信精机、法国法雷奥等。因此在 2005 年之前，中国汽车零部件进口金额高于出口金额。

随着近年来外资汽车企业逐渐实施本土化生产以提高竞争优势，不再大量进口汽车零部件，而是直接与中国本土企业合作，同时我国零部件企业"走出去"步伐明显加快，出口额增长迅速，是我国汽车工业出口中占比最大的子行业。近年来国内汽车零部件收购国外工厂

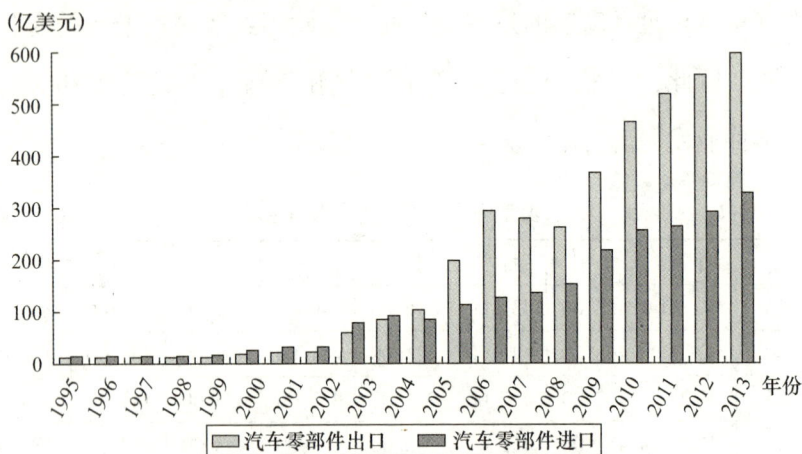

图 8 - 10　1995～2014 年我国汽车零部件进出口金额

资料来源：Wind 数据库。

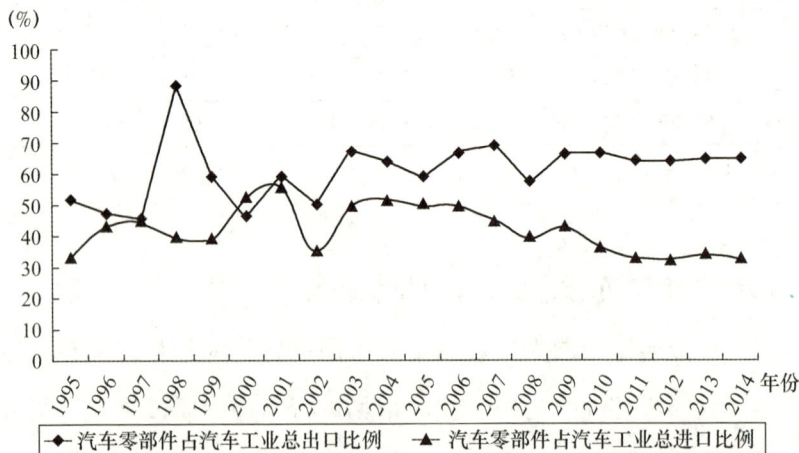

图 8 - 11　1995～2014 年我国汽车零部件进出口金额占汽车工业总进出口金额之比例

资料来源：Wind 数据库。

的动作也逐渐增多，使得自 2005 年开始，我国汽车零部件出口金额超过其进口金额，稳定在我国汽车工业总出口额的 60% 以上。2014 年，我国汽车零部件出口金额为 591.73 亿美元，占我国汽车行业出口总额的 64.67%（见图 8 – 10、图 8 – 11）。

二、我国汽车零部件业对外转移的原因和困难

国内汽车零部件业的对外转移目前仍然处于起步阶段，部分行业龙头企业发挥了积极作用。尽管海外投资的时间还不长，但已经积累了较多的经验可供后来者学习。

（一）规避国际贸易壁垒

近年来，美国、巴西等国发起数次针对中国汽车零部件产品的反倾销调查。其结果大幅提高了我国汽车零部件出口成本，严重损害了我国相应汽车零部件企业的利益。针对汽车零部件产品日益频繁的反倾销和反补贴调查（双反调查），多数企业只能选择对东道国进行直接投资的方式替代出口。

2014 年 7 月 15 日美国商务部宣布对从中国进口的乘用车和轻型卡车轮胎发起双反调查，调查或致美国政府再度对中国出口到美国市场的此类产品征收惩罚性关税。申请发起这项调查的是美国钢铁工人联合会和另一家劳工组织。原因为中国出口到美国的上述产品的倾销幅度从 45.80% 到 87.99%，补贴幅度也超过 2%。

根据美国商务部的数据，美国 2013 年从中国进口的乘用车和轻型卡车轮胎总额约为 21 亿美元。除美国等发达国家外，众多发展中国家也频频对我国汽车零部件产品构筑贸易壁垒，2015 年 5 月 4 日，巴西

外贸委员会发布 2015 年第 32 号令，决定对华货车轮胎征收 1.12 ~ 2.59 美元/千克的反倾销税，涉案产品南共市税号为 4011.20.90。征税期限为 5 年。

同年 6 月 29 日，商务部贸易救济调查局发布公告称，巴西外贸委员会发布 2015 年第 42 号令，决定对进口自中国的汽车玻璃（涉案产品税号为：70071100、70071900、70072100、70072900 和 87082999）启动反倾销调查。

我国汽车零部件企业在面对他国双反调查或大幅增税的环境下，一方面积极应诉尽可能挽回损失，另一方面应该"走出去"进行相应环节的产业转移，跨越贸易壁垒。如中国化工收购倍耐力 26% 股权，交易金额将达 77 亿美元，收购完成后该集团将成为倍耐力最大股东，随后欧盟反垄断监管机构宣布批准了这项交易。交易将使双方受惠，中国化工获得倍耐力全球营销网络，不再为应诉原产地为中国的轮胎产品反倾销调查而陷入困境。

（二）获得投资目的国巨大的商品销售市场

我国汽车零部件企业对发达国家产业转移的原因之一是通过购买者驱动型[①]价值链分享投资目的国的巨大商品销售市场。在购买者驱动的全球价值链（GVC）中，"链主"通过建立完善的全球营销网络、销售和售后服务体系来获取高附加值。购买者驱动的价值链条大多是类似鞋业、服装、自行车和部分汽车零部件等的劳动密集型的传统行业（Gereffi，1999b）。

---

① 从全球价值链的驱动力角度，Gereffi and Korzeniewicz（1994）根据特定全球商品各个链节重要程度的不同，按主导链节的不同，将价值链分为购买者驱动型（Buyer - driven）与生产者驱动型（Producer - driven）。

在此过程中，已嵌入 GVC 低端环节的中国合约制造商，遇到的来自"链主"的核心技术的压力较小，可以借助"链主"构建的全球采购和营销网络拓展市场，实现自身品牌在 GVC 中的升级。这意味着我国汽车零部件产业转移将更多地进入到美国等发达国家市场，从 2013 年末中国对外直接投资存量前二十位国家和地区的统计中也得出该特点（见表 8 - 3）。以美国为例，购买者驱动型 OFDI 主要存在于美国的制造部门和服务部门，主要受到美国市场规模大和市场壁垒高等因素的影响。同时，近年来美国频繁发起针对来自中国出口产品的"双反"调查等贸易限制措施，刺激我国汽车零部件业通过直接投资跨越贸易壁垒以保持投资所在国的市场份额。

表 8 - 3　　2013 年末中国对外直接投资存量前二十位的国家（地区）

序号	国家（地区）	类　　型	存量（亿美元）	比重（%）
1	中国香港	投资中转地	3770.93	57.1
2	开曼群岛	避税地	423.24	6.4
3	英属维尔京群岛	避税地	339.03	5.1
4	美　国	发达国家	219.00	3.3
5	澳大利亚	发达国家	174.50	2.6
6	新加坡	发展中国家	147.51	2.2
7	英　国	发达国家	117.98	1.8
8	卢森堡	发达国家	104.24	1.6
9	俄罗斯	转型经济体	75.82	1.1
10	哈萨克斯坦	转型经济体	69.57	1.1
11	加拿大	发达国家	61.96	0.9
12	挪　威	发达国家	47.72	0.7
13	印度尼西亚	发展中国家	46.57	0.7
14	法　国	发达国家	44.48	0.7
15	南　非	发展中国家	44.00	0.7
16	德　国	发达国家	39.79	0.6

序号	国家（地区）	类　型	存量（亿美元）	比重（%）
17	缅　甸	发展中国家	35.70	0.6
18	中国澳门	投资中转地	34.09	0.5
19	蒙　古	发展中国家	33.54	0.5
20	荷　兰	发达国家	31.93	0.5

资料来源：2013 年中国对外直接投资统计公报。

（三）技术获取是推动汽车零部件业对外转移主要原因

海外投资的技术获取又称购买战略性资产，目的是为了获得其全球先进的汽车零部件研发、制造技术，产业经验，以及位于全球的营销网络。

在生产者驱动的全球价值链中，高附加值的核心产品生产和研发由龙头企业控制，如英特尔、IBM 等，以专业化分工与全球生产网络化为竞争优势，获取超额利润。随着全球经济一体化的不断深入发展，制造业的转移无时无刻不在进行，发达国家早已从有形资产的竞争优势升级到无形资产的竞争优势，相比之下，发展中国家的竞争优势仍然停留在有形资产上。

全球价值链中显示了一小段商品链是由发达国家控制的，但该段的附加值却占全部全球价值链的一半以上，发达国家控制了这一小段就主导了相关产业的发展。"微笑曲线"左边顶部是研发设计、高端制造部分，这正是全球价值链中生产者驱动的战略环节，该环节主要集中在发达国家。而发展中国家特别是中国，整体上居于全球价值链的底端低附加值环节。获得技术和控制的关键环节成为价值链"链主"，并直接投资到技术要素丰富的发达国家，成为中国许多汽车零部件企业的实践与目标；然后，可通过公司的内部交易将技术转移回国；最后，通过示范效应和连锁反应实现行业转型与技术升级。

部分中资企业在 2008 年全球金融危机后大量并购经营困难的美国公司，获得在此之前较难购买的品牌、技术和营销网络等重要的战略资产。例如，太平洋世纪（北京）汽车零部件有限公司于 2010 年全面收购美国通用汽车子公司耐世特 100% 股权，项目金额达 4.2 亿美元。太平洋世纪旋即拥有耐世特关于汽车的转向和传输技术，以及其在全球的营销网络。

在对美投资行业分布中，代表技术获取型的制造业所占比例为 25.9%，信息传输、计算机服务和软件业占比 1.8%，科学研究、技术服务和地质调查业占在美投资行业的 2.3%，三个行业占中国对美国直接投资存量的 30%，远高于三个行业在中国对全球直接投资存量的比重 9.5%，尤其中国对美国制造业投资的比重 25.9%，远远超过中国对全球投资制造业投资的比重 6.3%，说明中国对美国直接投资更集中在获得先进技术上[①]。

（四）我国政策大力支持促使汽车零部件企业"走出去"

从上述汽车零部件企业出口规模看，汽车零部件企业"走出去"的意愿比汽车整车更强烈，可能的原因是由于汽车零部件产品属于中间产品，对海外投资的配套要求不高，本土企业在跨国并购后可以迅速利用新购企业的全球营销网络开展业务。随着我国鼓励政策的持续累积，汽车零部件业跨国并购数量迅速上升。仅 2014 年上半年，全球就有 30 余家汽车零部件企业传出收购或拟收购的新闻，这其中不乏资

---

① 见安永中国海外业务部主管合伙人周昭媚的公开讲话。

金、规模都不菲的整体企业并购。来自中国零部件企业的收购也有 6 桩，占了将近 1/5。这些并购案例涉及的领域包括冲压件、排气管饰件、线缆产品、铸铁气缸件、安全气囊、座椅安全带及方向盘、汽车减震、油箱等。

除企业自身业务拓展需求外，国内政策也给予大力支持。如 2014 年颁布的《国务院办公厅关于支持外贸稳定增长的若干意见》继续明确"鼓励企业采取绿地投资、企业并购等方式到境外投资，促进部分产业向境外转移"。我国的自贸区战略也对汽车工业，特别是汽车零部件业予以大力支持。2015 年末，中韩自贸协定正式生效，涵盖货物贸易、服务贸易、投资和规则等共 17 个领域。

虽然汽车（主要是乘用车）未被列入即刻实现贸易自由化的对象，如中方对从韩国进口的乘用车仍维持原有税率，载货车、客车、特种车和零部件大多在 15～20 年内关税降为 0；韩方对从我国进口的整车（新车）大多维持原有税率，二手车 10 年内降为 0，零配件也大多是 10～15 年降为 0，但是部分企业已经提前布局。2015 年 6 月 17 日，中澳双方正式签署 FTA，这是我国与其他国家迄今已签订的贸易投资自由化整体水平最高的自贸协定。

在汽车产品上，中澳 FTA 直接降税。其中，澳大利亚对从中国进口的整车现行税率为 5%，最长 3 年内降为 0；发动机立即降为 0，其他关键零部件最长 3 年内降为 0。我国汽车产品在澳大利亚市场具有价格优势，澳方降税和改善投资环境，将有利于我国扩大对澳产品出口和对澳投资。由于澳大利亚汽车普及率较高，售后市场较大，相对于整车企业，中国零部件企业的机会更大。

2016 年全国两会期间，李克强总理所做的 2015 政府工作报告中提出了"加强实施走出去战略，鼓励企业参与境外基础设施建设和产能合作，推动铁路、电力、通信、工程机械以及汽车、飞机、电子等中国装备走向世界……"的整体工作规划。上述政策均体现了国家积极促进汽车零部件企业"走出去"，一方面是竞争越来越激烈，另一方面则是环境越来越开放，挑战和机遇并存。汽车零部件企业应及时调整国内外市场经营战略，优化国内外零部件生产、采购和销售布局，不断提高经营规模和质量。

三、加快汽车零部件业对外转移，获取战略性资产的建议

面对全球汽车零部件业激烈的竞争和挑战，我国企业必须走专业化、正规化、国际化之路，全面提高竞争力。特别是，应积极利用国际技术、市场、人才、网络、配套等一切资源提升核心竞争力，将"走出去"提到企业战略高度，并作为企业生存和发展的重要核心战略。

（一）积极开展国际并购，加快国际化战略布局

汽车零部件企业要做大做强，必须依靠自身能力研发和创新，同时应进一步研究通过国际并购的方式获得先进的技术、品牌、制造基地、渠道等，以及直接在海外设立研发机构，改变缺乏核心竞争力的局面。国际金融危机和欧债危机后，汽车零部件业的发展经历了大洗牌后趋于平稳，但是全球汽车零部件企业间的跨国并购愈加频繁。我国自主汽车零部件企业应做好战略布局，积极利用 FTA 和 BIT 创造的有利的贸易和投资条件，扩大出口和对外投资。通过海外并购、海外建厂等形式，直接购买或是利用先发国家技术溢出效应等，加快取得关键零部件的先进技术并消化吸收再创新。

世界优秀汽车零部件企业的国际化进程有以下四个共同特征：一是进行自我扩张、兼并重组、联合发展，壮大经济规模；二是跨区域、跨国界经营不断拓展发展空间；三是通过卓越的经营管理与整车企业建立战略协同关系；四是多种方式增强自主创新能力。自主汽车零部件企业必须从关乎行业生死存亡的高度搞好顶层设计，与国际市场保持密切联系，主动到境外设立研发机构、生产基地和营销服务网络，突破技术壁垒和贸易壁垒，不断突破国际中高端市场，加快全球战略布局，积极突破战略合围。国际化战略布局是一项需要长期坚持的方向，是不断提升自主汽车零部件企业在产业价值链中的地位的正确选择，值得继续加以推进。

（二）建立适应海外市场的管理模式，注重海外企业的可持续发展

第一，汽车零部件企业开展国际化经营必须符合企业整体发展战略，顺应国际市场发展趋势，根据自身实力，审慎考虑"走出去"的方式，在向国际市场扩张的同时，要兼顾发展速度与质量，增强风险意识。逐步建立适应海外市场的管理模式和企业制度，做到人事管理科学化与财务管理精细化，妥善处理好"走出去"进程中的各类矛盾和冲突。

第二，加强企业间协作，共同抵御海外风险。中国的自主品牌汽车零部件企业，在海外的发展起点、产品层次和发展空间相似。单一企业独立运作海外市场的成本非常高，如果"走出去"的企业能够在仓储运输、配件供应及售后服务等方面加强配合与协助，将会在很大程度上降低海外经营成本，提高产品竞争力。

第三，做好境外售后服务，树立良好的品牌形象。售后服务体系

的完善程度将在很大程度上决定产品的市场表现。在强调汽车零部件产品质量的同时，强化售后服务，确保服务领先。通过为客户提供保修、建立客户档案、进行跟踪服务等方式，以及从技术咨询、技术培训、维修保养服务网络、信息反馈以及客户投诉服务等方面着手，把企业的服务理念深入到日常经营活动中去。

第四，加强互动交流，积极融入当地社会。要注重诚信经营，加大本地化生产力度，加强与当地政府和居民的互动交流，强化海外工厂的本地属性，从各方面提高外籍员工的积极性和主人翁意识，积极融入当地社会，为企业更深层次地走出国门，走向世界打下基础。

（三）促进中国汽车零部件业向高端制造升级

随着国内汽车市场的逐步成熟，购车者对产品品质的要求也随之提高，主机厂对零部件供应商技术实力与生产管理能力的要求更为严格，汽车"三包"等政策的实施使产品出现质量问题后主机厂与零部件供应商承担更大的风险。那些研发能力更强、管理水平更高的零部件公司将在竞争中脱颖而出。虽然国内汽车零部件行业整体竞争实力较国际巨头仍有差距，但在一些细分子行业中，国内零部件公司已经取得突破，更为广阔的全球零部件供应市场已经打开。

（四）重点培育新能源及智能汽车零部件

新能源及智能汽车的发展促进了汽车零部件业的转型升级。而培育新能源及智能汽车关键零部件也已经上升到国家战略，被写进《中国制造 2025》。在国家战略的指引下，中国汽车工业协会发布的《2015 年零部件工业报告》，也将培育新能源汽车及智能汽车关键零部件放在了非常重要的位置。

第九章

推动中国产业对外合理有序转移的政策建议

一、正确认识当前推动中国产业对外转移的意义

产业转移是一种正常的经济现象，是市场条件下资本逐利的结果，当某一地区的要素供求、市场条件发生变化时，资本或产业会主动向条件更好的地区转移。在市场经济条件下，产业合理有序地转移有助于加快转出地和转入地的产业结构调整，提高资源要素配置效率，在更大范围内促进先进技术的传播。二战结束以来，西德、日本、"亚洲四小龙"、马来西亚、墨西哥和中国等众多国家和地区都曾先后因承接来自经济更发达地区的产业转移，实现了本国快速完成工业化的目标。进入21世纪之后，随着全球经济一体化的深入，国际分工从产业间分工向产品内分工转变，加快融入全球价值链，在更大空间范围安排研发、生产、仓储和营销，提高对产业链各环节的垂直整合能力，应当成为当前和下一阶段我国各行业龙头企业的调整方向。

因此，不论是各级政府部门还是各类型制造企业，都应当认识到新一轮的全球产业转移正在进行。与20世纪后期相比，当前各国发展经济的愿望更加迫切，通过产业链建立起的业务联系更加紧密，所以

本轮产业跨境转移的搬迁速度更快、产业规模更大，参与主体更多。

作为世界第二大经济实体、第一制造业大国和第一贸易大国，中国对国际经济事务的影响力与日俱增。借助本轮产业跨境转移，中国不仅能够更好地完成在全球范围内的资源配置、通过海外投资推动本国产业升级，而且还能实现从产业转移承接者向主导者的角色转变，更加深度参与国际投资和贸易规则的制定，增强在国际社会中的话语权。

二、制定对外转移产业清单，增强政策引导功能

金融危机结束后，欧美发达国家相继启动了"再工业化"战略，大力发展新能源和先进制造等新兴高技术产业，力图抢占未来竞争的制高点。而中国制造如果想要实现向产业链中高端环节的升级，也应当加大对知识密集型领域和生产性服务业的对外投资，以改变当前每年对外直接投资主要流向资源开发和低端制造等领域的局面。在这方面，同为"金砖国家"的印度可以作为参考。尽管该国人均GDP不如中国，但其在发展知识经济和服务经济上的表现值得关注。如印度企业通过跨国并购和战略合作，在电信、信息软件、生物科技和风电等领域发展了一批极具国际竞争力的本土企业，如塔塔咨询、米塔尔钢铁和新城工业等。

当前中国政府应当尽快明确适宜对外转移的产业类别，除我们熟知的产能过剩产业、对环境污染严重的重化工产业、部分劳动密集型和资本密集型产业外，还要鼓励知识经济、服务经济和新能源等行业加大对外直接投资，加强与世界上一流企业的战略合作，编制面向全球、高起点的发展规划，实现与全球产业链的深入融合。政府相关部

门可以充分发挥政策的引导功能，对上述部门海外投资给予更大支持，简化审批流程，在设备折旧年限、税前扣除标准和税收抵免额度方面实行差别化政策，搭建企业与私募基金等金融机构的合作平台，为其海外投资和并购提供更加专业的金融服务等等。

三、鼓励民营企业抱团出海，推动产业链整体搬迁

通过对过去30余年中国对外直接投资历史的回顾，可以发现对外投资的主体已从过去大型国有企业为主演变为如今国有企业和民营企业"并驾齐驱"的局面。事实上，尽管冷战已经结束多年，但许多欧美发达国家仍然谨慎和保守地看待中国的经济崛起。他们总喜欢戴着有色眼镜对待中国企业正常的海外投资和并购行为，尤其当中国国有企业作为投资主体的时候。近年来，中铝注资力拓被否、中石油收购尤尼科失败、光明食品收购优诺遇阻以及华为收购3COME和3leaf公司被拒等现实案例，无一不与东道国政府对中国国有企业的排斥心理有关。

因此，未来一方面鼓励有实力的民营企业加快"走出去"，在实施海外投资和并购行动时，充分尊重当地的文化风俗、法律制度和商业习惯，提前做好尽职调查，尽可能全面了解相关信息。同时还可以考虑加强同当地企业或部门的合作，缓和对方的排斥态度。例如组建竞标联合体，委托东道国的中介机构开展资料搜集调查工作，同当地金融部门开展金融业务创新等。同时还要鼓励以龙头企业为核心，带动上下游企业以及存在横向业务合作的同行共同"抱团出海"，实现产业链整体转移，以降低"单打独斗"的成本和风险。

另一方面，充分利用当前推进国企改革的良机，加大混合所有制

改革力度，鼓励国有企业和民营企业之间相互持股。未来以民营企业为主实施跨国并购行为，淡化出资方的国企背景，也许更有助于并购成功。

四、深化对外投资体制改革，完善政府服务职能

随着中国对外直接投资存量的逐年扩大，我国即将完成向资本净输出国的转变。基于对外投资推动产业转移已成为重要发展战略，因此必须尽快完善现有的对外投资体制机制，以适应未来经济全球化的变化趋势。

事实上，十八届三中全会以来，中央政府在简政放权和推动对外投资方面已做出很大的成绩。2014年9月，商务部颁布修订后的《境外投资管理办法》，其中"亮点"包括确立"备案为主、核准为辅"管理模式、缩小核准范围、缩短核准时限、明确备案要求和程序等。2015年5月，国务院连续发布了《关于推进国际产能和装备制造合作的指导意见》和《关于构建开放型经济新体制的若干意见》两个重要文件，明确指出"将钢铁、有色、建材、铁路、电力、化工、轻纺、汽车等作为重点行业……推动重化工业对外产能合作，加快国内产业结构调整……在有条件的国家投资建设项目，带动相关行业装备出口。在境外条件较好的工业园区，形成上下游配套、集群式发展的加工基地"等。

下一步，政府还需要继续深化改革，营造适合企业对外投资的良好环境。具体的着力点包括三个。

一是完善法律政策体系。加强对企业跨国并购的法律支持，制定与国际法、国际惯例接轨的《对外投资法》和《对外投资公司法》等

对外投资的基本法，完善税收、保险和投资等方面相应的法规，让境外投资企业有法可依、有章可循。

二是组建官方或半官方的服务企业海外投资的中介机构。随着越来越多的企业开展海外投资，提前掌握东道国各方面的信息显得尤为重要。目前中国企业获得信息的渠道除了自己搜集，主要通过商务部网站、行业协会和部分研究机构等渠道。事实上，当年日本政府为推动该国企业开展大规模地海外投资，成立了贸易振兴机构、商工会议所、进出口银行海外研究所等数量庞大的中介机构。我国在对台商的调研中也发现，中国台湾地区的行业协会在服务台资企业的海外投资方面也发挥关键作用。因此，未来要鼓励和引导社会成立针对海外投资提供全方位咨询服务的中介机构，包括设计并购流程、融资方案以及指导如何开展本地化经营等具体内容。

三是完善地方的政绩考核机制。借助产业转移促进结构调整升级是保持中国整体经济持续健康增长的重要手段，各地政府规划当地发展时必须服从于这个大局，坚决禁止从部门和地区利益考虑，阻挠市场要素正常的跨区域流动。应当把更加有利于推进科学发展、有利于推进转型升级、有利于增加百姓福利的指标纳入各级政府考核范畴，逐步降低经济发展和税收收入的权重。

五、持续推动自主创新战略，整合全球智力资源

现有的理论已经证实，发展中国家通过承接产业转移，固然可以加快本国的工业化进程，但是由于其技术经济模式的锁定效应，承接的往往是资源消耗型、低端要素消耗型、非核心技术型等低端传统产业，所以制约了本国产业结构向高度化升级。当然，通过购买生产线

和战略并购等途径也能获取来自发达国家企业的高水平技术，但是资本逐利的本质决定了最核心、最前沿的技术是买不到的，只能靠自主创新。

党的十八大提出实施创新驱动发展战略，强调科技创新是提高社会生产力和综合国力的战略支撑，必须摆在国家发展全局的核心位置。

一方面，要努力营造全社会尊重知识、鼓励创新（创业）的良好氛围，完善相关的财税支持和激励政策，加强知识产权保护，大力打击山寨盗版行为，让企业从创新投入中获得巨额回报，建立可持续的正循环模式。

另一方面，在当今科技革命和全球化的推动下，全球价值链的可拆分性日益强化，研发设计等高端活动呈现日益分散化和外部化的趋势，开放式创新成为行业的普遍选择。

因此，中国应当适应形势的发展，鼓励国内有实力的企业加大海外研发性的投入力度，建立遍布全球的研发中心，加强对高端人才资源的综合开发，合理扩大在基础科学和前沿理论领域的投资，利用外部优势，提升内部核心能力与技术。同时还应借鉴美国建立"国家制造创新网络"做法，鼓励社会资本和私营企业参与到创新活动中来，提高创新资源投入的产出效率，拓展创新活动资金的来源。

六、全力培育本土跨国公司，加快国内产业升级

在推动全球产业转移的过程中，跨国公司发挥着重要的作用。通过开展国际化经营、积累海外投资经验，当前中国本土也涌现出一定数量的跨国公司。截至 2014 年末，中国 1.85 万余家境内投资者在国（境）外共设立对外直接投资企业 2.97 万家，分布在全球 186 个国家

（地区）。其中约80%的投资流向了发展中国家，当年流向发达国家的资金238.3亿美元，同比增长超过70%，创历史纪录。

与欧、美、日、韩等国的跨国公司相比，中国跨国公司国际化还处于初级阶段，不论经营水平、资产规模还是投资战略上离全球先进水平还有较长的距离。尽管目前也诞生了如海尔、联想、华为和三一重工等少数世界级的企业，但是整体数量偏少，对世界经济活动的影响较小。

回顾东亚日韩两国跨国公司的成长史，政府均在其中发挥过重要作用，在税收优惠、技术研发、人才引进、融资渠道和信息提供等诸多方面给予了政策扶持。当然，政府的过度干预也是一把"双刃剑"，可能干扰企业正常的投资决策，造成政企不分，盲目扩张等问题。党的十八大报告明确提出要"使市场在资源配置中起决定性作用"，但是这并不否认政府"有形的手"的价值。

事实上，当前在加快"中国制造"向"中国创造"和"中国智造"转型的过程中，政府和市场两种力量更应当通力合作。企业需要不断提升自身的综合实力、时刻保持市场敏锐度、持续稳步推进国际化扩张的步伐，政府则发挥在信息搜集、部门协调和与东道国沟通等方面的优势，为本土企业的成长和打造世界品牌创造条件，促进更多中国一流跨国公司崛起，提升在全球价值链分工中的地位，带动国内产业升级。

参考文献

［1］ UNCTAD Report. "Global Value Chains and Development." 2006（2）

［2］ OECD. "Europe Regional Investment Strategy Key Finding of the Sector Specific Study." . Working Paper，2008

［3］ Kenney，Martin and Rafiq Dossani. "Digitizing Services：What Stays Where and Why，in S. Bagchi－sen & H. L. Smith." . Economic Geography 29（2006）：123－130

［4］ Humphrey J.，and Huber Schmitz. "How Does Insertion in Global Value Chains Affect Upgrading in Industrial Clusters" . Regional Studies 36（2002）：76－87

［5］ Srholec M. "High－tech Exports from Developing Courtries：A Symptom of Technology Spurts or Statistical Illusion" . Review of World Economy 143（2007）：2－5

［6］ Griffith R.，Rupert Harrison，and John Van Reenen. "How Special is the Special Relationship Using the Impact of US R&D Spillovers on UK Firms as a Test of Technology Sourcing." . the American Economic Review 96.（2006）：5－8

［7］ Griffith G.，and Kanrina Fernandez－Stark. "The Offshore Service Global Value Chain." Working Paper of the Chilean Agency for Economic Development（2010）：147－150

［8］ UNCTAD. "World Investment Report 2013：Global Value Chains：Investment and Trade for Development," . New York and Geneva：United Nations Conference on Trade and Developmet，2013

［9］ UNCTAD. "World Investment Report 2014：Investing in the SDGs：An Action Plan," . New York and Geneva：United Nations Conference on Trade and Developmet，2014

［10］ UNCTAD. "World Investment Report 2015：Reforming International Investment Governance," . New York and Geneva：United Nations Conference on Trade and Developmet，2015

［11］ 郑直. 国际产业转移与我国的产业政策研究. 硕士学位论文，西南财经大学，2014

［12］ 胡安俊，孙久文，胡浩. 产业转移：理论学派与研究方法. 产业经济评论，2014（3）

［13］ 邹戈，谢璐. 台湾水泥行业去产能的启示——建材行业供给侧系列报告之一. 证券研究报告，2016－01－29

［14］ 毕波. 知名鞋企纷纷试水电子商务 制鞋业走向升级路. 中国质量报，2013－11－18

［15］王碧珺．中国企业海外直接投资缘何屡屡受阻．经济参考报，2013 - 05 - 04

［16］彭建新．从"走出去"到"融进去"．中国建材报，2014 - 05 - 20

［17］文剑．中国家电业拉开技术创新全球化布局．中国企业报，2014 - 12 - 16

［18］李俊江，孙黎．中国资源类企业"走出去"：基于异质性企业贸易理论的分析．汉江论坛，2012（1）

［19］王永中，王碧珺．中国海外投资高政治风险的成因与对策．全球化，2015（5）

［20］杨世伟．国际产业转移与中国新型工业化道路．北京：东方出版社，2014

［21］郎咸平等．中国制造的危机与出路．北京：经济管理出版社，2013

［22］林汉川，蓝庆新等．中国企业转型升级若干问题的调研报告．北京：企业管理出版社，2013

［23］何欣荣，王淑娟．纺织业借"一带一路"实现全球化布局．经济参考报，2015 - 08 - 06

［24］王珍．新兴市场风险考验家电企业"走出去"战略．第一财经日报，2014 - 05 - 20

［25］宋顺寿．中企的海外战略与投资．建筑时报，2015 - 10 - 15

［26］王碧珺．被误读的官方数据——揭示真实的中国对外直接投资模式．国际经济评论，2013（1）

［27］中华人民共和国商务部、中华人民共和国国家统计局和国家外汇管理局．2014 年度中国对外直接投资统计公报．中国统计出版社，2015

［28］武常岐．中国企业国际化战略——理论探讨与实证研究．北京：北京大学出版社，2014

［29］工业和信息化产业政策司．中国产业转移年度报告 2014—2015．北京：电子工业出版社，2015

［30］秦婷婷．东亚区域产业转移研究．北京：经济科学出版社，2014

［31］隆国强．危中有机：后危机时期对外开放的战略机遇．北京：中国发展出版社，2011

［32］唐辉亮．美国产业国际转移及科技国际化与中美合作模式选择研究．北京：中国社会科学出版社，2013

［33］赵磊．一带一路——中国的文明型崛起．北京：中信出版集团，2015

［34］国家发展与改革委员会产业经济与技术经济研究所．中国产业发展报告 2012 - 2013——我国产业跨区域转移研究．北京：经济管理出版社，2013

［35］杨雅虹．日本的反省：制造业毁灭日本．北京：东方出版社，2014

［36］张军扩，赵昌文．当前中国产能过剩问题分析——政策、理论、案例．北京：清华大学出版社，2014

［37］吴晓波，朱克力．读懂中国制造 2025．北京：中信出版集团，2015

［38］黛博拉·布罗蒂加姆．龙的礼物——中国在非洲的真实故事．北京：社会科学文献出版社，2012

［39］马亮．纺织业：越南和印度能成就梦想？．中国纤检，2014（9）

［40］张军生．中国制造业国际竞争力研究——基于机电产业的实证分析．北京：人民日报出版社，2013

［41］苏颖宏．东盟五国制造业国际竞争力研究．厦门：厦门大学出版社，2014

［42］张宗斌等．日本大规模对外直接投资的经验教训及借鉴研究．北京：经济日报出版社，2015

［43］金碚，张其仔．全球产业演进与中国竞争优势．北京：经济管理出版社，2014

［44］李逢春．对外直接投资与投资国产业升级——基于中国的实践分析．北京：人民出版社，2014

［45］张丽平，赵峥. 产业升级与国家竞争优势. 北京：北京师范大学出版社，2012

［46］王虹. 转移和转型：2015 年亚洲纺织业发展两大趋势量. 中国纤检，2015（3）

［47］刘军，宋冰晨，冯晞. 中国家电全产业链转型升级蓝皮书. 杭州：浙江大学出版社，2015

［48］王子先. 中国参与全球价值链的新一轮开放战略. 北京：经济管理出版社，2014

［49］隆国强等. 打造世界水平的中国跨国公司. 北京：人民出版社，2013

［50］赵晋平，张琦等. 中国发展对世界经济的影响. 北京：中国发展出版社，2014

［51］吴晓波，齐羽等. 中国先进制造业发展战略研究. 北京：机械工业出版社，2013

［52］王洛林，张宇燕. 2016 年世界经济形势分析与预测. 北京：社会科学文献出版社，2016

［53］张小平. 再联想——联想国际化十年. 北京：机械工业出版社，2012

［54］来有为等. 生产性服务业的发展趋势和中国的战略抉择. 北京：中国发展出版社，2010

［55］查振祥. 深圳企业"走出去"战略研究. 北京：人民出版社，2010

［56］孙黎，李俊江. 全球价值链视角下中国企业对外直接投资的驱动力研究. 社会科学战线，2015（12）

［57］李俊江，薛春龙，史本叶. 中国对美国直接投资的内在动因、主要障碍与应对策略. 社会科学战线，2013（12）

［58］武守喜，吴松泉，曲婕. 对中国汽车企业"走出去"的 5 点建议. 汽车工程师，2013（3）